何以中国

仰韶文化 遗址　YANGSHAO WENHUA YIZHI

殷墟 遗址　YINXU YIZHI

曾侯乙 墓　ZENGHOUYI MU

马王堆 汉墓　MAWANGDUI HANMU

三星堆 遗址　SANXINGDUI YIZHI

法门寺 地宫　FAMENSI DIGONG

鲁鑫　杨效雷 ◎ 主编

四川人民出版社

图书在版编目（CIP）数据

何以中国：我从考古现场来/鲁鑫，杨效雷主编.—成都：四川人民出版社，2024.5
ISBN 978-7-220-13600-9

Ⅰ.①何… Ⅱ.①鲁… ②杨… Ⅲ.①考古学-研究-中国 Ⅳ.①K870.4

中国国家版本馆CIP数据核字（2024）第047380号

何以中国
我从考古现场来
鲁鑫 杨效雷◎主编

责任编辑	唐虎 邹近	美术编辑	段瑶
文图编辑	樊文龙	责任校对	申婷婷
图片提供	王露 郝勤建	责任印制	周奇
装帧设计	罗雷 段瑶		

出版发行	四川人民出版社（成都市三色路238号）
网　　址	http://www.scpph.com
E-mail	scrmcbs@sina.com
新浪微博	@四川人民出版社
微信公众号	四川人民出版社
发行部业务电话	（028）86361653 86361656
防盗版举报电话	（028）86361653
照　　排	三河市图书
印　　刷	艺堂印刷（天津）有限公司
成品尺寸	150mm×210mm
印　　张	8
字　　数	180千字
版　　次	2024年5月第1版
印　　次	2024年5月第1次印刷
书　　号	ISBN 978-7-220-13600-9
定　　价	88.00元

■版权所有·侵权必究

本书若出现印装质量问题，请与我社发行部联系调换
电话：（010）82651017

前言

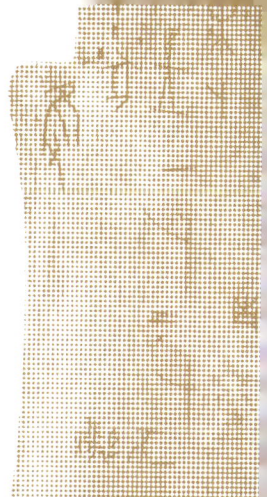

"考古"这个词既是本土的,也是外来的。

说它是本土的,因为《尚书·尧典》里有一句"曰若稽古",东晋时期出现的托名孔安国所作的《尚书传》就把这四个字解释为"顺考古道"。到了北宋,著名金石学家吕大临编著《考古图》一书,希望"天下后世之君子有意于古者,亦将有考焉"。说它是外来的,因为最早从中国古代典籍里把这两个字摘出,再加上一个"学"字,用来翻译西方文字中 Archaeology(英文)、Archéologie(法文)、Archäologie(德文)等词汇的,是19世纪末的日本学者。现代考古学的理念与技术也起源于欧洲,并在19世纪末20世纪初"西学东渐"的大潮中被介绍到中国。

说起"考古",不同人群会有不同的认识。

考古学者心目中的考古是一项神圣的事业,科学、严谨而又不乏浪漫。比起整日端居书城、爬抉文献的历史学者,考古学者上得讲堂、下得探方,静如处子、动如脱兔,既能著书、又能挖土,用个雅致的词来形容,就是"允文允武"。

普通公众心目中的考古是一项神秘的事业。考古学家就算不背七星剑、不挂护身符,至少也得会用罗盘和寻龙尺吧?墓葬机关怎么安全破解,遇到尸变如何应急处置,这些难道不是考古学概论课上重点讲授的内容吗?

说了这么多，究竟什么是"考古"？这恐怕要请读者朋友们亲自到考古现场考察一番，听考古工作者讲讲他们的日常工作，看看探方里出了哪些重要文物，然后才能得出自己的结论吧。其实，随着公共考古理念的兴起，越来越多的考古工地悄悄收起"考古现场，闲人免进"的牌子，敞开大门，欢迎社会各界参观、研学，所以想要参观考古现场并不难。然而，参观考古现场又是一个"可遇不可求"，而且"机不可失，时不再来"的事情。为什么这么说呢？

先说"可遇不可求"。考古发掘分"主动"和"被动"两类：主动发掘是为了解决某些学术问题，由发掘者主动选择发掘对象，所以我们对主动发掘的成果多少还能有些预期；被动发掘则是为了配合基本建设，或是在一些遗址遭到破坏后开展的抢救性发掘，被动发掘的成果就具有很大的偶然性。以"满城汉墓"为例，谁能想到，一次普通的施工爆破竟会让"金缕玉衣""长信宫灯"这些举世闻名的珍贵文物重见天日呢？正是因为考古发掘的偶然性与成果的不可预期性，参观考古现场的朋友未必能碰上自己感兴趣的内容。

再说"机不可失，时不再来"。考古发掘其实是一项具有破坏性的不可逆行为。常规的发掘流程是从最上面的表土层开始，一层接一层，自上向下挖。具体来说，当我们打算清理宋元地层中的遗迹时，必须先把明清层清理干净，当我们开始清理隋唐层时，宋元层也已成为"过去式"，不复存在了。当整套考古发掘工作结束时，除少数具有重要历史价值的遗址可能会被原样保存，修建遗址博物馆或遗址公园，绝大多数的发掘区都要回填，有些上面建起高楼大厦，有些从此沉入水底。从这个角度来说，考古现场是不能"回访"的,对于一些重大考古发现,只有亲历者才能切身感受当时的震撼与激动。

既然如此,是否只有亲操其业的考古学者或者亲眼见证某项考古发现的幸运儿才有资格说"我从考古现场来"呢?事实并非如此。因为真正的考古现场虽已结束,但我们却有能力将它复现。

考古学者是一群特别善于神游的人。他们不必亲临现场,仅凭那些充满专业术语和测绘数据,并且随处安插着线图、拓片和表格的"发掘报告",考古学者就能在脑海中构建起整齐的探方群,复原每一件重要文物的出土位置和共存关系。他们还能进一步穿越时间的迷雾,想象着衰草荒城昔日举袂成云的繁华,想象着冢中枯骨当年锦衣玉食的生活。

考古学者是一群特别喜欢同人交往的人。虽然整天面对的是瓶瓶罐罐、砖头瓦块,但考古学者大多性格外向,他们很快就能与工地上帮忙的老乡打成一片,还会热情地接待每一位来工地参观的客人,激动地向他们讲述自己的发现与心得。不仅如此,考古学者更擅长"尚友古人",他们会亲切地询问墓主人:"您老生前做到几品官啊?平时身体都有啥毛病?喜欢读什么书?听哪些音乐?对死后的生活有怎样的期待啊?"

说到这里,我不由想起某款游戏中"狄仁杰"角色的一句经典台词:"死者也会开口说话吗?"答案是"会的",因为让墓葬主人"开口说话"恰恰是考古学者的工作目的之一。当然,考古学者面对的"死者"绝大多数并非凶杀案的受害者,而是寿终正寝、入土为安的普通逝者。这些逝者的过往、亲友对他们的情感、他们对世界的态度,这些信息都详细地记录在墓葬中。

在阅读本书的过程中,您将结识一位又一位著名的考古学者,他们是苏秉琦、施昕更、王明达、徐旭生、赵芝荃、郑光、许宏……不过在更多情况下，我们用一种更为朴实和低调的称呼来指代他们，那就是"考古工作者"。一代又一代的考古工作者用辛勤的劳动，"将埋藏于地下的古代遗存发掘出土，将尘封的历史揭示出来，将对它们的解读和认识转化为新的历史知识"。现在，就让我们追随这些考古工作者，去"亲历"那一次又一次激动人心的发现吧。

本书虽然立足考古，但实际回答的是"何以中国"的问题。这里的"中国"不仅仅是疆域和政治层面的国家概念，而且是"中华文明"的简称。本书编写的主要目的就是要探寻中华文明的起源与发展历程，展现中华文明的突出特性。在本书的编写过程中，我们努力贯彻习近平总书记在文化传承发展座谈会上的讲话精神。通过选择不同历史时期的典型墓葬与遗址，我们希望能够展示中华文明突出的连续性；通过讲述历史进程中物质文化与科学技术的进步，我们希望能够彰显中华文明突出的创新性；通过列举中华民族各民族文化交往交流交融的考古证据，我们希望能够说明中华文明突出的统一性；通过展示中华民族对世界文明的兼收并蓄，我们希望能够宣传中华文明突出的包容性；通过梳理中华民族仁民爱物的道德秩序，我们希望能够解释中华文明突出的和平性。

在本书的编写团队中，既有出色的青年考古学者，也有优秀的文博工作者；既有在大学讲坛传道授业的教师，也有初出茅庐、崭露头角的学术新秀。虽然大家的专业不同，工作性质也不一样，但都秉持着一个共同的编写理念，那就是为建设中国特色、中国风格、中国气派的考古学添砖加瓦，为将马克思主义基本原理同中华优秀传统文化相结合贡献力量！

— 目录 —

001 百年考古的发祥地
仰韶文化遗址

019 中国史前文明的重要摇篮
良渚遗址

036 从二里头走进早期的中国
二里头遗址

055 商代文明的繁荣时代
殷墟遗址

076 古蜀大地上的文明奇迹
三星堆遗址

089 埋藏地下的音乐殿堂
曾侯乙墓

113 神秘的地下王国
秦始皇陵及兵马俑坑

134 长沙国贵族的奢华生活
马王堆汉墓

147 西汉繁荣时期的真实写照
满城汉墓

162 一个被废帝王的传奇人生
海昏侯墓

176 曹操七十二疑冢的终结
安阳高陵

187 惊世发现串起文明"珠链"
法门寺地宫

216 契丹文化的传世奇迹
陈国公主和驸马合葬墓

231 唯一发掘的皇帝陵寝
明定陵

245 参考文献

247 后记

仰韶文化遗址

百年考古的发祥地

仰韶文化是以河南省渑池县城北9千米的仰韶镇仰韶村遗址的发掘而得名。从1921年仰韶遗址的发掘开始，对该类遗存的渊源探索、文化定名、内涵界定就一直在进行中，直至当前还仍有一些争议。仰韶文化是中国考古学史上第一个考古学文化，对这一文化的命名、界定、认知以及由此产生的旷日持久的论争，可以说是中国考古学学科发展的一个缩影。

安特生、袁复礼等人在仰韶村合影

瑞典东亚博物馆藏。这张照片是安特生和中国地质学家袁复礼1921年在仰韶村进行考古期间拍摄的。

"文化西来说"的否定及仰韶的界定

1921年10月，中国政府批准由瑞典地质学家安特生主持，对仰韶村遗址进行首次发掘，参加人员还有奥地利古生物学家师丹斯基、加拿大人类学家步达生、中国地质学家袁复礼；1951年6月，著名考古学家夏鼐主持对仰韶村遗址进行第二次发掘，参加人员有安志敏、王仲殊、马得志等；1980年10月，河南省文物研究所和渑池县文化馆联合对仰韶村遗址进行了第三次发掘；2020年8月，河南省文物考古研究院联合三门峡市和渑池县文物考古单位共同对仰韶村遗址进行了第四次发掘。始于1921年的第一次发掘到2020年的第四次发掘，整整经历了百年历程。

百年历程、百年积淀，现在我们认识到仰韶遗址实际包含庙底沟类型、西王村类型、庙底沟二期文化、河南龙山文化等四种文化遗存。

对于仰韶文化的认识经历了一个漫长曲折的过程。作为仰韶遗址的发掘者,瑞典地质学家安特生起初认为该遗址属于彩陶文化,并结合之后甘肃地区彩陶遗址的发现,提出仰韶遗址的彩陶工艺来源于西亚和中亚,得出"中国文化西来说"的论断。1931年梁思永先生发现了安阳后岗"三叠层",就是依据地层证据发现了后岗、仰韶、龙山三个依次叠压的文化层。尹达先生结合安特生和梁思永两位先生的研究,指出安特生在仰韶文化分期和绝对年代判定上的错误,同时也否定了"文化西来说"的论断。纠正前期错误认识之后,20世纪50年代之后,在关中和中原地区陆续发现了一系列新石器时代遗址,这些遗址与仰韶之间关系的确立就涉及建立仰韶文化体系的问题。

最早对仰韶文化进行系统研究的学者是苏秉琦先生,苏先生在《关于仰韶文化的若干问题》中从对仰韶文化的半坡和庙底沟两个类型的研究入手,在明确两个类型内涵的基础上,

小口尖底瓶·仰韶文化

仰韶文化博物馆藏。1993年河南渑池班村遗址出土。通高71厘米,口径4厘米,腹径21.5厘米。双唇形口,器物规格小,是仰韶文化中期的小口尖底瓶,距今已有6000多年。尖底瓶是仰韶文化最重要的特征性器物、典型器物,它与彩陶一样被视为仰韶文化的重要特征。

彩陶罐、彩陶盆和小口尖底瓶·仰韶文化

仰韶文化博物馆藏。大量的考古证据表明，无论是半坡遗址还是庙底沟遗址，在出土陶器中，罐、盆和瓶的组合都比较常见，是仰韶文化的典型器物组合。

对仰韶文化的分期、分布、分区、社会发展界定以及同其他原始文化的关系等进行了多角度、多层次的系统研究。苏秉琦先生认为罐、盆、瓶是仰韶文化的典型器物组合，仰韶文化分布于关中到中原这一狭长地带，并可分为西、中、东三个分支，以关中地区的中支为纽带。中支主要分布在宝鸡—华县—陕县这一线上，以半坡和庙底沟两个并行发展的类型为代表。东支以大河村和王湾两个遗址为代表，已缺少仰韶文化的特征因素，同时该支明显受到以鼎、豆、壶为代表的东方文化影响。西支以甘肃秦安大地湾遗址为代表，与中支相比，缺乏器物组合及其变化序列。

关中大地上的仰韶文化遗址——半坡遗址

半坡遗址位于陕西西安东郊浐河东岸的第二台地上，是一处关中地区典型的仰韶文化村落遗址，距今六七千年。半坡遗址发现于1953年，1954年由考古工作者进行了发掘，当时只发掘了总面积的五分之一。在此次发掘的基础上，1958年，这里建立了中国第一座新石器时代遗址博物馆。

根据遗址中出土的各种动物骨骼和植物孢粉分析可知，在六千年前，半坡遗址所处的地方自然条件十分优越——这里雨量充沛，气候温和湿润，是天然的理想生活场所。半坡遗址南靠终南山，东接白鹿原，北面是肥沃的渭河平川，是从事原始农业生产的理想之地。

西安半坡博物馆

半坡遗址在考古发掘的基础上，就地建成了西安半坡博物馆，这是中国第一座新石器时代遗址博物馆，也是新中国第一座史前聚落遗址博物馆。

带盖陶罐·仰韶文化半坡遗址

西安半坡博物馆藏。1955年陕西西安半坡遗址出土。陶罐出土时,罐内装着的植物种子,被检验为粟,可知半坡时期粟已经广泛种植。

石锛·仰韶文化半坡遗址

西安半坡博物馆藏。1955年陕西西安半坡遗址出土。石锛形制较小,颜色呈青黑色,刃面显著,打磨精细。

飞球索和骨镞·仰韶文化半坡遗址

西安半坡博物馆藏。半坡遗址出土的狩猎工具大致分为两种,一种就是飞球索的石球,石球数量多,且磨制光滑,大的直径可达6厘米。另一种是骨镞,虽然数量不多,但形式复杂,有三棱式、圆头式、三角形扁平式等不同形式。

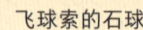

骨镞

飞球索的石球

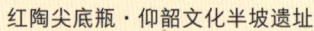

红陶尖底瓶·仰韶文化半坡遗址

西安半坡博物馆藏。1955年陕西西安半坡遗址出土。尖底瓶是仰韶文化中典型的器物之一。

布纹陶钵·仰韶文化半坡遗址

中国国家博物馆藏。1955年陕西西安半坡遗址出土。这件陶钵的底部有布纹印痕,是制陶时把未干陶坯放在麻布上衬垫所致。

从半坡遗址发现的上千件各种材质的生产工具来看，半坡人主要从事的生产活动有原始农业、家畜饲养、捕鱼、狩猎以及采集等。半坡人使用的工具主要由石、骨等原料制成，石质工具包括石斧、石锄、石锥、石铲、石矛、石刀等。这些石质工具的材料主要是花岗岩、玄武岩等，制作工序包括打制、磨光、钻孔、安柄。

半坡遗址的考古发现证明，农业生产在半坡居于首要地位。考古人员在清理地窖的时候，发现了两个小陶罐，保存得较为完整。一个陶罐内装着粮食，一个陶罐内装着菜籽。经过鉴定，粮食为北方常见的农作物粟，而菜籽则是白菜或芥菜之类的种子。半坡遗址的这个发现，证明了中国是世界上农业发明最早的国家之一。

狩猎活动是半坡人的生产活动中仅次于农业生产的一项。半坡遗址发现的兽骨有貂、獾、鹿等二十多种，其中斑鹿的骨骼最多。狩猎使用的工具包括石矛、石球和弓箭。在农业和狩猎的基础上，半坡人还发明了饲养业，遗址中发现的两座圈栏和猪的骨架就是证明。

半坡人除了制造石质工具之外，还利用骨头制成各种工具，遗址发掘出的骨质工具包括铲、刀、锥、凿以及骨鱼钩和骨针，其精美程度可与现在的金属制品相媲美。遗址中还出土了纺织工具如石、陶纺轮，并且在陶器的底部也发现了麻布的痕迹，在放大镜下可以清晰地看见麻布由经线、纬线组成，说明当时半坡人已经有了较为成熟的纺织业。

考古发现证实，半坡人的生活用具以陶器为主，遗址中共发现各类陶器一千余件，并且还发现了烧制陶器的窑址六座。就陶质而言，半坡陶器可分为粗砂陶、细泥陶和细砂陶三种。形制有二十种以上，主要有钵、盆、杯、碗、皿和尖底器。其中的小口尖底瓶、长颈壶、葫芦瓶和带流缸等最具特色，尤其是尖底瓶，设计极具匠心。在纹饰方面，最常见的是绳纹，多装饰于器物的外表，弦纹多装饰于细硬陶的外面，弦纹一般装饰于罐形器的颈肩部位。半坡遗址中最具代表性的陶器是细泥彩陶，虽然发现的数量不多，但是装饰的纹饰相当复杂。尤其是盆、钵和大口圜底器上纹饰最多，以谷叶纹和几何形花纹最为普遍，而最能代表

人面鱼纹盆

人面鱼纹盆·仰韶文化半坡遗址
中国国家博物馆藏。1955 年陕西西安半坡遗址出土。高 16.5 厘米，口径 39.8 厘米。此彩陶盆呈红色，口沿处绘间断黑彩带，内壁以黑彩绘出两组对称人面鱼纹。

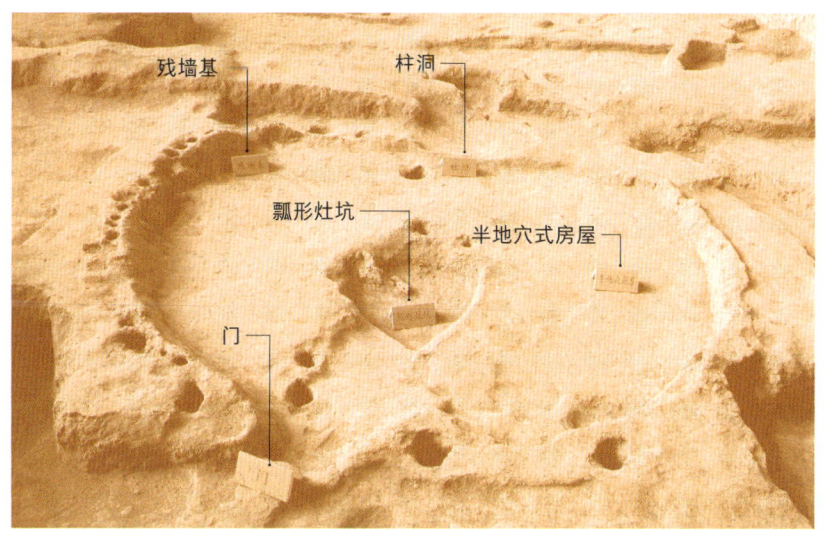

半地穴式房屋遗址·仰韶文化半坡遗址

1955年考古发掘，在半坡遗址共发现两处圆形房址，这是保存较为完整的一处。房基略呈正圆形，直径约5米。周围有残留的立壁，内壁是硬而光的灰面，外砌灰土，厚度不均匀。周壁外面竖立长方形或半圆形的短木柱，作为骨架以支撑屋顶。中间有一个瓢形灶坑，灶坑两边有对称的柱洞。考古工作者根据当时的清理实际，对半坡遗址的房屋进行了复原。

半坡彩陶成就的就是人面鱼纹盆，人面造型和鱼纹造型极为逼真，具有很高的艺术造诣。

考古发现，半坡人已经开始了成熟的定居生活，居住的房屋可分为半地下式和地面木架两类，形状有圆形和方形两种。门向南开，门内的两边有一道小隔墙，中间是一个烧火坑；主要建筑材料为草拌泥和木材。晚期的房子结构匀称，地下铺设有木板，比早期低矮阴暗的半地下室房屋有进步。房屋建筑的密集分布和多层叠压，证实半坡先民在此定居的时间很长。围绕居住区外围的深沟宽5~6米，现存长度约300米的大沟，是保障村落安全的重要设施。

辐射四方的庙底沟遗址和文化

庙底沟遗址位于河南省三门峡市湖滨区韩庄村，地处青龙涧河下游左岸的二级阶地的前缘，西北距黄河一千米，周边是流入黄河的青龙涧河和苍龙涧河的黄土塬。庙底沟遗址的发掘，是中国考古史上的一项重大事件，它不仅是仰韶文化庙底沟类型的命名地，更是庙底沟二期文化的诞生地。庙底沟遗址的发现一方面展示了仰韶文化的鼎盛风貌，另一方面彻底阐明了仰韶文化和龙山文化的承接关系，第一次有力地证明了中华文明的传承有序和源远流长。

庙底沟遗址前后进行了两次发掘。1957年黄河三门峡水利枢纽工程开工建设，在此之前为了保护抢救黄河两岸的文物古迹，文化部和中科院联合组成了黄河水库考古工作队，对水库一

陶釜、陶灶·仰韶文化庙底沟遗址
中国国家博物馆藏。1957年河南三门峡庙底沟出土。釜高10.9厘米，口径16.2厘米；灶高15.8厘米，口径29.7厘米。此釜灶由釜和灶两种器具组合而成。上部为釜，下部为灶，侧壁开一个上窄下宽的方形口，直通灶的内部。灶口处按压出波浪状花边装饰。

1
2

1 彩陶盆·仰韶文化庙底沟遗址

中国国家博物馆藏。1957年河南三门峡庙底沟出土。高22.6厘米，口径38.2厘米。

2 目纹彩陶钵·仰韶文化庙底沟遗址

河南博物院藏。1956年河南三门峡庙底沟出土。

带进行考古调查。1953年，由考古学家安志敏先生带队的河南调查队在河南陕县庙底沟一带发现了一处新石器时代遗址，随后对之展开调查，发现此处遗址以仰韶文化为主。1955年10月，新成立的黄河水库考古工作队再次来到三门峡库区进行普查，庙底沟遗址更是勘察的重点。根据两次考古调查的结果，鉴于庙底沟遗址面积较大，文物遗存丰富，考古工作队决定对其进行考古发掘。1956年9月30日，庙底沟遗址的考古发掘正式拉开序幕。这次发掘共分为两个阶段，揭露面积4480平方米，清理灰坑168个，房址2座，墓葬1座。2002年5月，河南省文物考古研究所会同三门峡市文物考古研究所、郑州大学文博学院等单位，对庙底沟遗址进行了又一次大规模发掘。此次发掘面积达18000平方米，发现了仰韶文化庙底沟类型、西王村类型及庙底沟二期文化时期保存较为完好的房基十余座、灰坑和窖穴800多座、陶窑20座、墓葬1座、壕沟3条等遗迹，同时还发掘清理了200余座唐宋元明时期的墓葬，出土了大量珍贵的文物。

庙底沟遗址中，出土最多的是陶器，往往一个灰坑中就达十余件。陶器以细泥红陶为最多，夹砂粗红陶次之，泥质黑陶较少。细泥红

庙底沟遗址建筑复原图

庙底沟遗址发现的房址呈方形半地穴式，面积约40平方米，门向南，有窄长的斜坡形门道，屋内迎门处挖筑圆形灶坑，穴壁四周有数十个小型柱洞，室内中间分列四个较大的柱洞并埋放柱础，墙壁和地面用草拌泥掺红土末涂抹，屋顶复原呈四角攒尖形。

陶中常见的器形有碗、盆、小口尖底瓶等，也有少量的甑、椭圆形盆、圈足等。其中大口深腹盆是庙底沟遗址的典型器物，其造型与陕西、山西的仰韶文化陶器接近。陶器的表面大多磨光，彩绘比例较高，以黑彩为主，红彩较为少见。纹饰有条纹、涡纹、三角涡纹、圆点纹和带状方格纹等，其中带状方格纹较为宽大，多装饰在碗的腹部。庙底沟彩陶纹饰从结构上大体可分为两组：一组是用对称的几个单元构成图案，间或用不同或不对称的单元插在里面；另一组是用流丽连续的花纹构成整体图案，每个单元形态变化互相穿插，常常无从断开。庙底沟彩陶中红黑兼施和白衣彩陶等复彩，纹饰更加亮丽，改变了半坡文化彩陶简洁的风格，图案显得复杂繁缛。有一种"阴阳纹"最具特色，阳纹涂彩，阴纹是底色，阴阳纹都有强烈的图案效果，都能显示完整的花纹图案。几何纹彩陶主要表现为花卉图案形式，它被视为庙底沟彩陶的一个显著特征。

在庙底沟遗址中发现的石器以打制石器为最多，磨制石器仅占极少的比例，这是典型的仰韶文化特征之一。其中最常见的是盘状器，有边缘有刃和钝边两种，用途尚不明确。两侧带缺口的石刀和磨制石斧是当时主要的收割工具。少数的石网坠和陶网坠都间接说明了庙底沟渔业的存在。磨制石器中以刀、铲为多。石铲一般形状较大，铲身扁平，磨制细致，锋刃锐利。

在庙底沟遗址中，也发掘出土了不少的装饰品。装饰品中的陶环、石环，直径都比较小，可能是佩戴在身上的挂饰。绿松石的石坠、水晶珠、骨制的牙形饰、蚌饰和穿孔猪牙等，可

陶环及残件·仰韶文化庙底沟遗址

仰韶文化博物馆藏。1956年河南三门峡庙底沟出土。庙底沟出土的陶环，有圆形、五角形、六角形等几种。陶环直径都不大，应是庙底沟人制作的装饰品。

能是颈饰或佩在身上的悬饰。骨笄是束发的用具，说明当时人类已经不再披头散发了。在庙底沟遗址还发现了蚌制的指环，套在左手的无名指上，和现代的佩戴方法一样。

从考古遗迹现象来看，庙底沟人的居住区主要分布在遗址的中部和西部，在圆形的半地穴式和方形的浅地穴式房址之间，大量散布着窖穴和灰坑。制作陶器的陶窑也集中分布在遗址的西部，说明当时已有了专门的制陶作业区。出土的生产工具，仍以农业生产工具为主，同时还有渔、猎、采集和手工业工具，这反映出了当时的经济结构状况。从出土的数量众多、绚丽多姿的彩陶和一些精致的手工艺品中，可以看出当时人们高超的手工技术和充满浪漫色彩的丰富的想象力。庙底沟遗址的花卉图案影响范围极广，可谓遍及大半个中国。根据苏秉琦先生的研究，这些花卉图案应主要是以菊科和蔷薇科两种花卉的花瓣为母体的，所以有学者认为庙底沟的先人们是以花为其图腾的。还有的学者认为这种花卉图案可能与华山和华夏族的得名有关。

仰韶文化时期的好酒之风

仰韶文化时期的好酒之风是随着考古研究中科技手段的引入而揭示出来的，通过对淀粉粒、植硅体、霉菌、酵母细胞等与酿酒工艺相关的微小个体的显微成像进行分析，专家揭示了酿酒的工艺过程及原料等信息。

仰韶人采用谷芽物和酒曲发酵剂两种制酒方法。谷芽物制

小口尖底陶瓶·仰韶文化

中国国家博物馆藏。1958年陕西宝鸡北首岭出土。高46.2厘米,口径5.7厘米。小口尖底瓶器身大多带环状耳,可以穿缀绳索,便于携带或搬动。在不同的地域或不同时期,瓶体会呈现地域区别和分期演变的特征,尤其是瓶口、腹部、底部的形态变化最为显著。从仰韶文化早期至晚期,尖底瓶的口部历经杯形口、双唇口、喇叭口等形状变化,腹部也呈现流线形、球形、折肩等不同形式,时代特征非常突出。

酒大致可分三步：第一步发芽，在室温20℃~28℃条件下将谷物浸泡在水中直至其发芽；第二步糖化，将发芽谷物捣碎后与温水混合，倒入温度达到65℃的容器中；第三步发酵，将前一步骤容器封口形成缺氧环境，大约两日后可发酵。酒曲发酵制酒法首先是制作酒曲，实验检测到的酒曲是红曲霉，这种酒曲是以大米为原料制得的，再附以含有霉菌和酵母的草叶等，然后将原料与酒曲、酵母共置同一容器中，使糖化和发酵共同发生。

以上两种制酒工艺的差别明显，谷芽制酒制作的是浑酒，酒精度数低；酒曲制酒制作的是清酒，酒精度数高。浑酒在现在的陕北仍有制作，制酒原料就是小麦和黍。具体步骤如下：一是将小麦发芽后磨粉备用；二是将脱壳黍磨成粉、蒸成糕备用；三是按照1∶5的比例将小麦粉和黍糕搅拌均匀，装入密封坛内，放置热炕头24小时后成酒。饮用时需要加水煮开，为一种糊状低度饮品。

与制酒相关的遗存和遗物方面也有突破性发现，如在属于仰韶文化晚期的米家崖遗址，发现一座深3.7米、坑壁完整、内有五层台阶的制酒酒窖，坑底出土有阔口罐、漏斗、小口尖底瓶三类陶器，这些陶器内壁附着的残留物证明三类陶器都是制酒用具。这组陶器组合也与谷芽酿酒工艺相契合，谷芽制酒分为糖化、过滤、发酵、储藏等过程，制酒原料的发芽过程在阔口罐中进行，发芽原料的碾碎过滤通过漏斗实现，少氧发酵的环境由小口尖底瓶提供，最后制成的佳酿就储藏在该酒窖中。由此可见该窖是制作、储藏谷芽酒的生产车间，5000年前制酒工艺的配套设施如此完备，社会分工可见一斑。

谷芽制酒所用的小麦和酒曲制酒所需的大米都不是北方地区驯化的农作物，小麦起源于西亚，稻米起源于长江下游，正是由于地区间交流才实现物资或耕种技术的交流，也正是仰韶人的好酒之风为农业发展、物资和技术交流提供了动力。

饮酒在新石器时代的黄河流域蔚然成风，酿酒工艺不仅在仰韶文化中被发现，在与之相邻的山东地区也有发现。山东地区新石器时代的北辛、大汶口、龙山等考古学文化中均发现酿酒证据，北辛文化时期酿酒陶器是小口双耳罐，大汶口文化时期出现了饮酒用的高柄杯，龙山时期形成成套的注酒器陶鬶和饮酒器高柄杯。与之相对，仰韶文化一直没有出现成套的饮酒用具，有学者推测人们是用中空的植物茎秆采用哑酒方式饮用，与山东地区

陶甑·仰韶文化半坡遗址
西安半坡博物馆藏。半坡遗址出土的陶甑由甑、陶罐和陶盖三部分组成，甑的底部有7个长方形孔眼。陶甑的出现结束了人类只能吃烧烤和煮熟食物的历史。《古史考》中有"黄帝作釜甑""始蒸谷为饭，烹谷为粥"的记载。其实就是表明早在新石器时代人类就已经意识到了水的物理变化，学会了利用蒸汽加工食物。陶甑的发明揭开了人类饮食史的新篇章！

形成鲜明对比。山东地区发达的饮酒用具传统渗透到古人生活之中,并形成以饮酒用具随葬以彰显墓主人身份地位的习俗,可以说酒文化和饮酒用具已成为社会治理方式的一部分。这一传统延续到三代时期,与夏文化同时期的二里头、下七垣、夏家店下层等考古学文化中均随葬成套饮酒用具,商王朝更是形成了以青铜酒具标识统治阶级的社会治理体系。

小口双耳罐·北辛文化
山东大学博物馆藏。20世纪80年代山东邹平苑城遗址采集。新石器时代酿酒器的一个显著特征是小口,其原因可能是为了便于封口,以使器内的醪液处于厌氧状态。

苏秉琦先生的"满天星斗说"

"满天星斗说"是考古学家苏秉琦先生对于中华文明起源的重要论述,他认为中华文明的起源"不似一支蜡烛,而像满天星斗"。苏秉琦先生认为,中国数以千计的新石器时代遗址可以分为六大板块,一是以仰韶文化为代表的中原文化,也就是传统意义上的黄河文化中心;二是以泰山地区大汶口文化为代表的山东、苏北、豫东地区的文化,其突出特点是不同于仰韶文化红陶的黑陶文化;三是湖北及其相邻地区,其代表是巴蜀文化和楚文化;四是长江下游地区,最具代表性的是浙江余姚的河姆渡文化;五是东南地区,从江西的鄱阳湖到广东的珠江三角洲;六是从陇东到河套再到辽西的长城以北地区,最具代表性的是内蒙古赤峰的红山文化和甘肃的大地湾文化。

良渚遗址

中国史前文明的重要摇篮

2019年7月6日，在阿塞拜疆举行的第43届世界遗产大会上，中国的黄（渤）海候鸟栖息地（第一期）和中国良渚古城遗址通过审议被列入《世界遗产名录》。

浙江良渚古城被称为实证华夏五千年文明史的圣城，该古城址由宫城、王城和外郭城三部分组成，内城城墙所囊括的宫城和王城面积达300万平方米，足足有四个故宫大。内城东西长1700米，南北长1900米。外城面积达800万平方米，比十个故宫还大。良渚古城遗址是整个良渚文化规模最大、延续时间最长、等级最高的超大型中心聚落。

良渚遗址漫长的发掘经过

良渚遗址的发掘历程大致可划分为三个阶段：第一阶段（1936—1985）被称为单个遗址考古阶段；第二阶段（1986—2006）被称为遗址群考古阶段；第三阶段（2007年至今）被称为古城都邑考古阶段。

第一阶段（1936—1985）

1936年，施昕更于浙江省杭州市良渚镇发现并发掘良渚遗址，标志着良渚遗址考古的开始。1953—1959年，考古工作者先后发掘了老和山（1953）、双桥（1953）、仙蠡墩（1954）、朱村兜（1955）、邱城（1957—1958）、水田畈（1959）等遗址，在此基础上，1959年，夏鼐提出将良渚遗址命名为"良渚文化"的见解。1959年以后，良渚文化遗址在以江、浙、沪为中心的长江下游地区被普遍发现，大大丰富了学界对于良渚文化内涵的认识。1981年，考古工作队对吴家埠遗址进行了发

良渚古城城址核心区及城内外重要遗址点分布图

良渚古城遗址内外分布着许多山：莫角山、乌龟山、卞家山、狮子山、塘山，许多其实是人工堆筑而成。据测算，良渚古城遗址和外围水利工程所需的土石方量共计 1005 万立方米，而古埃及吉萨金字塔群所需土石方量则为 504 万立方米。

掘，并建立吴家埠考古工作站，为长期开展良渚考古工作奠定了重要基础。1973—1986 年，考古工作队先后于草鞋山（1973）、张陵山（1977）、寺墩（1978、1979 和 1982）、福泉山（1982—1983）等遗址发掘出大量精美的玉礼器，开启了长江下游文明化进程研究的新篇章。

第二阶段（1986—2006）

　　1986 年，王明达针对良渚遗址分布广、数量多的实际情况，大胆提出"良渚遗址群"的概念。1986—1993年，良渚遗址工作队发掘了反山（1986）、瑶山（1987、1996—1998）、莫角山（1987、1992—1993）、汇观山（1991）等遗址。1997—2002年，良渚遗址工作团队进行了大规模调查，发现135处遗址，良渚遗址的范围扩大到42平方千米。学术界普遍认为，这一时期的良渚遗址已经接近或迈入了文明的门槛。

第三阶段（2007年至今）

2007年，良渚古城四面城墙被发现并确认。2009—2013年，考古人员对城址区10.8平方千米范围内进行全面勘探，确认良渚古城外城。2009—2015年，发现和确认良渚古城外围大型水利系统，岗公岭、鲤鱼山等10条水坝遗址和塘山遗址一道构成了中国最早的水利系统。2014—2020年，大规模揭露

良渚古城及周边水利设施遗址

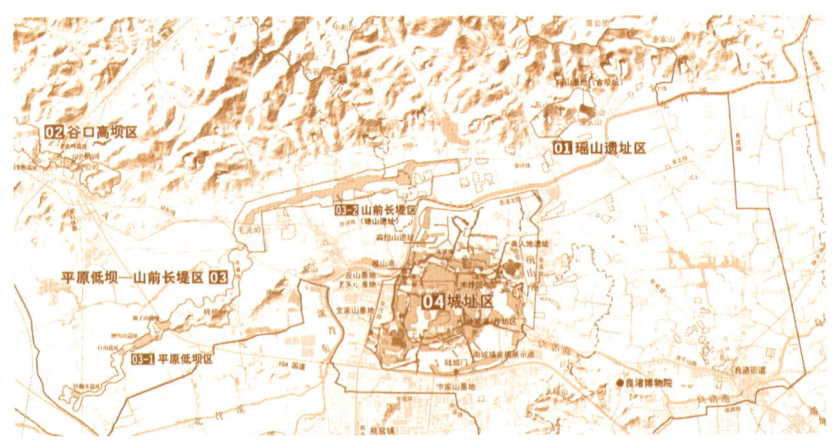

刻符陶罐·良渚文化

据不完全统计,良渚遗址在考古发掘中,在陶器、石器上共发现刻划符号656个,分布在554件器物上,符号种类超过340种。尤其是2003—2004年,考古人员在庄桥坟遗址的发掘中,共发现240件器物上有刻划符号。

莫角山、姜家山、池中寺等城内遗址,持续对城址区以外进行全面勘探。

伴随遗址发掘的不断深入,学界对于良渚遗址的认识持续加深,由最初的"散点式"认识向区域整体性研究转变。目前,以良渚古城为核心整体观察研究良渚遗址和良渚遗址群,将其视为一个都邑整体,同时将杭州地区整个大"C"形盆地内的所有良渚文化遗址,包括临平遗址群、德清杨墩中初鸣制玉作坊遗址群等纳入整体研究,形成王国考古的基本范围。

反山墓地与王的葬礼

良渚遗址群内墓葬众多,墓葬层级显著,这对于研究良渚社会的社会等级有最直接的作用。那么居于社会层级顶端的"王",他的墓葬究竟是何样貌呢?

反山墓地群为我们观察高等级墓葬提供了一面镜子,而其中的20号墓地则是了解王的葬礼的最直接墓例。反山墓地群位于良渚遗址群内、莫角山宫殿遗址的西北角。反山高出现今地表5~6米,呈土台形,东西长90米、南北宽30米左右,总面积约2700平方米。在土台的西半部分发现良渚墓葬11座,自西北向东南分两排墓地，20号墓地居于北排中部位置。20号墓墓坑规模较大，长400厘米，南端（头端）宽200厘米，北端宽175厘米，现存深度约132厘米。随葬品以单件计共538件，编号206件（组），包括：玉器499件、石器24件、陶器2件、象牙器和鲨鱼牙等13件。20号墓随葬器物的出土情况较为清楚，因此有助于我们全面了解良渚社会高等级人员的葬礼。

20号墓葬具以外的随葬品状况可以作为良渚遗址群内最高等级的典型。葬具的头、中、尾部各出土了一件柱形器，均为琮式柱形器。这些柱形器颜色均为黄褐色，大小基本接近，均雕琢两节神人兽面像，但是细部结构差异巨大。最左边柱形器弦纹部位未有细刻填补，也未雕琢眼睛，直槽直接省略。中间柱形器节面雕琢同琮式。最右边柱形器无直槽，眼睛两侧转角共用，由一般每节四组转角纹样的八只眼睛，省略为四只眼睛。

葬具北端（脚端）出土了象牙器、2件玉璧和7件（组）玉管组成的串饰，其中玉璧、玉管串集中于一处，底部是大致呈圆形的朱红色漆容器残痕。玉璧呈黄褐色，形制特别，整个玉器横截面呈梯形，外缘留有管钻时的旋痕，是迄今所见最大的一件管钻所得的"钻芯"制品。上壁面留有细密的近同心圆痕，下端面光滑平整。

葬具南端（头端）出土了成组半圆形饰、成组锥形器、三叉形器、冠状器。这四类器物只在良渚墓葬群高等级权贵墓中出土，具有极强的身份标示性，反映了墓主人生前显贵的社会地位、煊赫的社会权力。

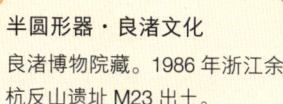

半圆形器·良渚文化

良渚博物院藏。1986年浙江余杭反山遗址M23出土。

柱形玉器·良渚文化

浙江省文物考古研究所藏。1986年浙江余杭反山遗址M20出土。玉柱形器的基本造型为圆柱状，中部有竖向贯通的小孔。M20发现的三件柱状器以等距离分布在墓内的中轴线上，根据研究，三件玉器原本是放置在椁板之上的。

反山遗址M20墓地全景

M20墓位于反山墓地群北排居中，随葬品数量居反山墓地第二位，种类齐全，玉琮有4件，玉石钺达24件，反映了墓主人拥有很大的神权和军权，他可能是良渚"国王"。

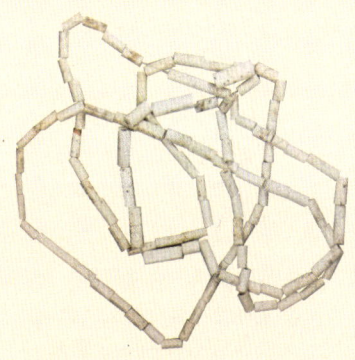

玉管串·良渚文化

浙江省文物考古研究所藏。1986年浙江余杭反山遗址M20出土。

玉璧·良渚文化

浙江省文物考古研究所藏。1986年浙江余杭反山遗址M20出土。青绿色玉质，表面有大量的黄褐色沁斑。玉璧扁平，厚薄不匀，外壁有旋磨痕。玉璧表面光素。

成组半圆形饰均为黄褐色，整体呈半圆形，正面弧凸，背面弧凹，背面钻有1~2对隧孔，说明原先应为缀缝在质地柔软的皮革或织物上的饰件。

成组锥形器均奇数，少者3件，多者达11件。这种锥形器仅见于男性权贵墓葬。成组锥形器中的一件往往较长，并雕琢精美的纹样。锥形器组合出土时呈集束状位于头部顶端位置，锥尖朝上，原先应通过锥体下端的榫卯销在某种有机质载体上。20号墓的锥形器为琮式锥形器，黄褐色，截面近正方形，雕琢两节神人兽面纹，均以转角为中心展开，两节神人兽面纹转角中心相对，每节神人兽面纹均以四角神人和两角兽面组合。神人眼外圈管钻，直径2.5毫米，内圈刻划。鼻部为减地凸块，填刻线条较为潦草。兽面纹重圈眼睛，有眼睑，眼睑内填刻线条。下端为小短榫，卯孔方向与横截面边平行。

三叉形器呈黄褐色，正面略弧凸，背面切割为上下两部分凸块，上部分至分叉，下部分仅留有与中叉垂直的长方形凸块。左、右两叉为双面钻孔，中叉上下均为相向的单面钻孔。中叉孔与其下孔可以垂直贯通。从墓地出土时，中叉上有一长玉管。

1
2
3

1 玉三叉形器·良渚文化
浙江省文物考古研究所藏。

2 玉神面纹琮·良渚文化
浙江省文物考古研究所藏。1986年浙江余杭反山遗址M20出土。

3 玉冠状器·良渚文化
浙江省文物考古研究所藏。1986年浙江余杭反山遗址M20出土。

冠状器通体黄褐色，素面，两面均留有弧线切割痕迹。冠顶切割为介字形，两侧略斜向内收。短榫内收，钻有五孔，短榫一面留有片切割痕迹。

反山 20 号墓不仅出土了象征高等级身份的成组半圆形饰、成组锥形器、三叉形器、冠状器，还有精美的玉琮、数量众多的玉璧和玉石钺。玉琮的制作工艺、纹饰令人啧啧称赞。玉琮通体黄褐色，夹青斑，光泽感甚好，透光。以四角展开雕琢两节完整神人兽面纹，神人的弦纹组比兽面的弦纹组稍宽，前者填刻约 8 条，后者填刻约 6 条，其间再填以螺旋线加小尖喙纹样，至转角处均为椭圆形纹，再向两侧展开。神人眼睛为重圈管钻，刻画眼角。兽面纹为重圈管钻眼睛，眼睑内填刻纹饰。鼻梁部位刻划多重圈椭圆形结构。神人和兽面纹的鼻部均为减地凸块，填刻纹饰一致，鼻翼之间的纹饰为重圈椭圆结构。琮下方尚保留取材时的片切割痕迹。

毫无疑问，反山 20 号墓随葬玉器的数量之多、种类之丰、品质之高、制作之精在整个良渚遗址群内当是首屈一指的。

良渚文化的权力彰显

良渚文化的权力结构彰显于多方面多层次，包括空间、等级、性别等多个维度。

权力与空间

空间中的权力彰显分为纵、横两条线索。早期的瑶山墓地群位于遗址群的东北边，它同西边的吴家埠遗址和东边良渚荀山片的庙前遗址共同组成了考古工作者初期对于良渚遗址群的空间认知。近年来，随着发掘工作的深入，专家们对于早期良渚遗址的认识有所变化。位于遗址群南侧的大雄山南麓发现了官井头遗址，在遗址群东部临平地区发现了玉架山遗址。这些发现，大大扩展了良渚早期的空间范围，使得专家们开始重新审视良渚遗址群的形成过程。

对于早期和中期的良渚空间范围的认识是基于中期水坝遗址的发现而逐渐廓清的。以彭公村开始陆续发现并确认的西部山间水坝，结合原有的塘山土垣，构成了良渚遗址群的整个水利系统，这个浩大工程是在良渚中期完成的。当时的良渚人修建水坝应是基于整个城市布局而做出的决策，换言之，位于西北方向的水利设施所覆盖的空间范围应当是非常确定的。复原现有水利设施，大雄山南麓、临平地区等良渚早期的遗址显然被排除在"权力中心"之外。晚期时候，良渚人的权力中心更向心集中，古城、城内莫角山宫殿区以及城外卞家山、美人地等土台遗址处于繁荣使用阶段。纵览整个良渚文化的发展过程，可以很清晰地看到，良渚人在一步步巩固遗址群的中心地位。

权力彰显的空间范围除了时间之河中的遗址变化，还有生死的空间差别。良渚的社会权力更多附着于死者的空间。良渚不同等级墓葬的随葬品组合、数量、质量是完全分化的。这种分化更明显地体现于不同墓地之间，相较于等级差别明显的墓葬制度，已经高度分化的良渚社会在日常用器的选择上却惊

良渚古城高坝遗址（老虎岭遗址）
老虎岭水坝属良渚古城外围水利系统的谷口高坝系统，水坝自身长度140米，宽100来米，远远望去，用于保护的外棚犹如一颗巨大水滴，横卧在两个小山间最狭窄的位置。

人相似。不论是莫角山中心土台，还是古城墙边倾倒的生活垃圾，出土的实用陶器都与一般聚落中出现的无显著差异。

权力与等级

良渚社会的不同等级的墓葬是权力等级的代言人。根据现有的遗址群材料，可以将良渚墓地按第一等级、第二等级、第三等级三个级别加以区分。

第一等级的墓地以瑶山、反山和汇观山为代表，虽然汇观山墓葬的随葬品数量和规格略逊色于反山和瑶山，但是从墓地形态以及随葬品的构成种类看，此种差别属于同一等级内部差别。第一等级的墓葬随葬了数量非常丰富的玉石制品，玉器包含琮、璧、钺、三叉形器、成组锥形器、柱形器等身份标志器物。

第二等级墓葬以钵衣山、文家山等墓地为代表，此类墓葬的随葬品数量在30～40件，多的可以达上百件，包括基本的陶器组合、石钺和数量不等的玉器。玉器中多以特别的玉璧作为身份标志物。

第三等级墓葬以上口山、庙前、卞家山等墓地为代表，这类墓地数量多，随葬品数量在10件以下，多以陶器、石钺、管珠、坠饰等物品随葬，未见任何高端玉制产品。

权力与性别

良渚墓葬中男女丧葬用玉习俗的差异是非常显著的，特别是在权贵墓葬中。瑶山权贵墓地是最先建立男女丧葬用玉

玉三叉形器

制度并清晰分配南北列的墓葬群,北列女性墓葬6座,随葬品共774件(组),其中玉器743件(组),未见玉琮;南列男性墓葬7座,其中6座男性墓出土玉器1839件(组),其中玉琮8件,从随葬玉器数量以及有无玉琮均可显见瑶山墓地中男女性别存在的巨大权力落差。我们将视线移至反山"王陵",同一片权贵墓地,明确的女性墓葬数量仅有2座,男性墓葬7座。以22号女性权贵墓地为例,该墓地出土的随葬品,除冠状器同男性墓相同外,其余随葬品均不同于男性墓葬。女性权贵头部一般有一组玉管,往往与玉璜同出。22号墓出土了12件玉管和2件刻纹玉璜,胸腹部位出土了6件带有龙首纹的圆形牌饰。

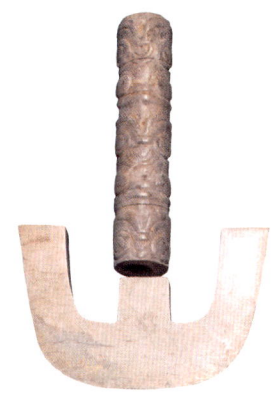

2
1 | 3

1 玉三叉形器·良渚文化
良渚博物院藏。1987年浙江余杭瑶山遗址M7出土。玉三叉形器出土时位于墓主人头部,应属冠帽上的饰物。

2 龙首纹玉管、玉三叉形器·良渚文化
良渚博物院藏。1987年浙江余杭瑶山遗址M2出土。玉三叉形器是古良渚社会男性贵族专用的一种发饰,上有三个分叉,中叉上方往往再装配玉管。

3 陶房屋模型·良渚文化
良渚博物院藏。2001年浙江余杭卞家山遗址出土。房顶中间偏上部有一贯穿小孔,房顶四面各有一个突起点,且四面均有竖向划痕,房顶一角残。

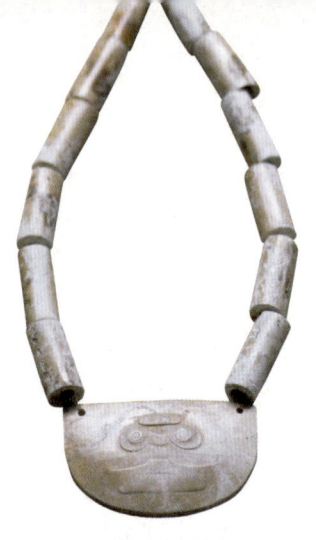

玉璜串饰·良渚文化

浙江省文物考古研究所藏。1987年浙江余杭反山遗址M22出土。玉璜串饰包括璜1件，管12件，出土时位于墓主头侧上方。玉璜为南瓜黄色，局部有沁。上端齐平无凹缺，正面微弧凹，背面较为平整，有线切割痕迹。两角各对钻一系挂小孔。正面浮雕和线刻雕琢神人兽面纹。

以玉事神的良渚礼俗

良渚玉器纹饰反映出整个社会在精神领域的高度认同。神人兽面纹的分布地域与良渚文化范围高度重合，贯穿良渚文化的始终，这一主题不仅表现在大量的玉器上，也出现在其他质地的器物上，如象牙器、漆器、陶器等器物。尽管神人兽面的组合千变万化，但是万变不离其宗。

单线条兽面纹

瑶山4号墓的兽面璜、9号墓的兽面三叉形器和7号墓的兽面三叉形器中的兽面纹可以说是单线条兽面刻画技法娴熟的代表。将此三幅兽面纹同瑶山2号墓的龙首纹牌饰比较，可以发现"五官"几乎完全对应：首先是眼睛及外眼角略为强化的尖凸；其次是眼睛下两侧向外螺旋的泪线，同时又以尖凸收尾；最后是嘴部虽然存在有无獠牙之分，但是嘴角两侧仍然是一模一样的尖凸。

满刻兽面纹

满刻纹兽面较之单线条兽面的不同处有两点：一是满刻纹兽面有对羽冠部分的细致描摹，二是满刻纹兽面对椭圆形眼角外侧的进一步细化。典型代表器物就是瑶山9号墓和11号墓出土的柱形器。

介字形兽面纹

介字形兽面阶段的龙首纹日渐几何化，此阶段满刻的纹饰变少了，单体的兽面或者人兽组合纹饰以不同的表现形式出现在各类玉器上。它们的共同特点是：第一，用"介字冠"元素表现羽冠或神人羽冠；第二，兽眼部分不仅有眼睑内繁复的纹饰填充，眼部还采用多重螺旋平行线圈加线束的方式来刻画。

兽面纹玉冠状器·良渚文化

良渚博物院藏。1986年浙江余杭反山遗址M17出土。玉冠状器，又称玉梳背，为良渚文化玉器中的典型器类，出土时一般位于墓主人头侧。不仅出土数量较多，且器形的变化规律也相当清楚。早期顶端平直或有圆弧形凹缺，榫部与背体间没有明确分界。后期冠状器底部出现扁榫并逐渐变薄变小。

典型代表器物就是反山17号墓出土的冠状器。

兽面纹不独出现在玉质的器物上，也出现在其他材质的器物上。福泉山遗址发现一处显贵墓地——吴家场墓地，该墓地出土了大型漆绘象牙器，在修复这件漆绘象牙器的过程中发现象牙器的内外两侧交替刻画了十组神人兽面纹饰，由兽面和倒梯形脸带羽冠神人组成。吴家场墓地属于良渚文化晚期遗存，这表明神人兽面纹自始至终一直存在于良渚文化信仰体系的实践活动中，并且显见于不同质地的器物上。易言之，良渚晚期阶段崇拜对象的具体形式没有改变，这一精神内核贯穿良渚文化的始末,具有高度的统一性、稳定性、持久性。

良渚文化中极具代表性的因素——丧葬,勾连了权力、信仰,展示了良渚人与众不同的社会面貌和精神面貌,使得权力和信仰在玉载体上和谐共生。

神人兽面纹象牙权杖·良渚文化
上海博物馆藏。2010年上海青浦福泉山遗址吴家场墓地207号墓出土。长约97厘米。象牙权杖用浅浮雕的方式细致地表现出神人兽面纹的主题,共有10组。

良渚的社会政治

良渚文化的政治体是酋邦,也有学者认为是国家雏形,聚落大小规模可分三级,这种聚落形态体现了酋邦社会结构的格局。聚落中心都营建有规格不等的土台,具有祭祀或殡葬功能。莫角山为规格最高的宗教祭坛,附近的反山和瑶山两座殡葬祭坛,是酋邦所能动用劳力的最好标志,酋邦具有可观的组织和管理能力,足以动员大量劳动力,建造高台和墓葬。有组织能力的良渚文化社会,应是一个复杂的社会体系。

二里头遗址

从二里头走进早期的中国

1923年5月6日,历史学者顾颉刚在《努力》周报副刊《读书杂志》上发表了《与钱玄同先生论古史书》,提出了著名的"层累地造成的中国古史说",冲击了人们的固有认识,立即引发了学界关于古史的论战。顾颉刚先生认为,在早期的文献记载中,禹本是下凡的天神,与夏王朝并无关系。在疑古思潮的涤荡下,很多传世文献中有关夏王朝的记载都变得不再可信,包括顾颉刚先生在内的很多学者都将考古学视为建设真实夏代史的唯一途径。

寻"夏"之旅的重大发现

为寻找失落的夏王朝,历史学者徐旭生于 1959 年夏带队赴豫西地区进行考古调查,由此揭开了二里头遗址神秘的面纱。二里头遗址位于今河南省洛阳市偃师区翟镇镇二里头村及其周围。早在 1949 年之前,在遗址东部圪垱头老村以北,就曾多次出土玉刀、玉戈、玉圭、玉琮和嵌有绿松石的铜器等,这些器物出土时不少都裹在朱砂里。1959 年 5 月 16 日,徐旭

五孔玉刀·二里头文化
大英博物馆藏。在 1949 年之前,二里头所在地区就已经陆续发现了玉刀、玉戈等器物,此玉刀此前是由英国收藏家奥斯卡·查尔斯·拉斐尔所藏。

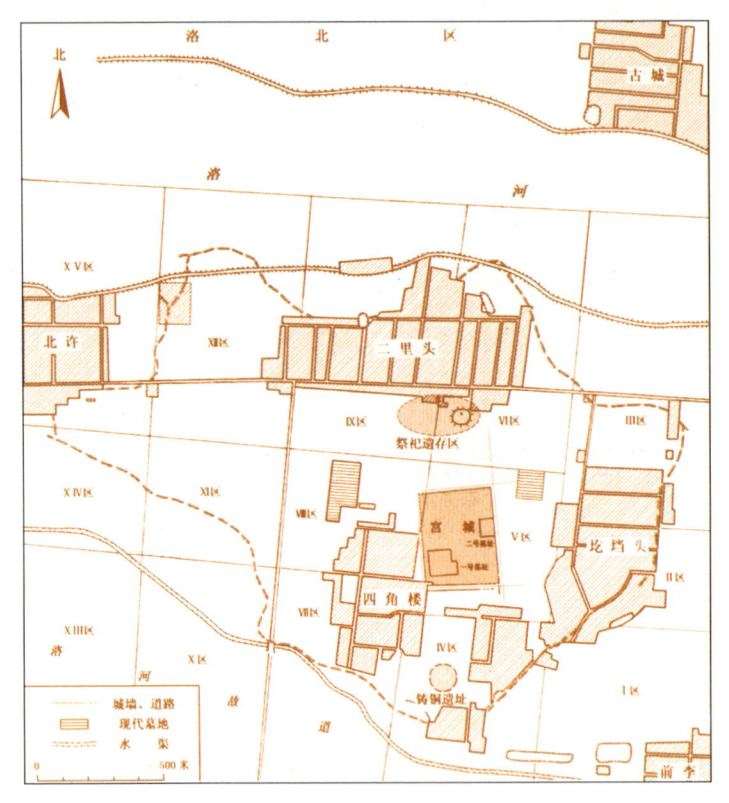

二里头遗址平面图

遗址中心区由宫殿区、铸铜作坊区、祭祀活动区和若干贵族聚居区组成。宫殿区的面积不小于12万平方米，其外围有垂直相交的大道，晚期筑有宫城。大型宫殿建筑基址仅见于这一区域。

生先生在偃师县文物干部与中国科学院考古研究所相关人员的陪同下踏查了这一遗址，因首先在二里头村南发现了灰坑、遗物，故将之命名为二里头遗址。二里头遗址出土文物丰富、面积广大，且其位置与文献所载商都"西亳"相一致，因此徐先生认为，此处为商汤都城的可能性不小。徐先生很快将考察所得撰写为调查报告发表于《考古》杂志上，遂引起了学界的极大关注。

1959年夏，在徐旭生先生结束豫西之行后不久，中国科学院考古研究所洛阳发掘队的赵芝荃、高天麟就对二里头遗址进行了复查，再次确认这是一处堆积丰厚的大型遗址，遂正式申请发掘。同年秋，中国科学院考古研究所洛阳发掘队与河南

鸭形鼎·二里头文化
二里头夏都遗址博物馆藏。1963年河南偃师二里头遗址 IV M26 出土。口径6.5厘米，腹长12厘米，宽9厘米，高9.5厘米。

玉钺·二里头文化
中国国家博物馆藏。1974年河南偃师二里头遗址出土。器呈长方形，弧刃，顶端有一圆穿，两侧装饰齿牙。在中国上古时期，钺作为一种礼仪用器，用以象征军事统率权。

玉牙璋·二里头文化
中国社会科学院考古研究所藏。1980年河南偃师二里头遗址出土。二里头遗址发现的牙璋，均出自高等级的贵族墓葬中，表明牙璋已成为重要礼器。

省文物局工作队分别在二里头遗址进行试掘。此后，二里头遗址的田野工作便由中国科学院考古研究所（后隶属于中国社会科学院）一力承担。除在"文化大革命"前后发掘停滞了数年（1965—1971）外，考古学者针对二里头遗址的钻探发掘工作持续不断，至今已有60余年，累计发掘面积超过4万平方米，取得了众多重要成果。

根据不同时期的工作目标，二里头遗址的发掘历程大致可划分为两大阶段：第一阶段（1959—1997）对遗址进行了初步钻探，全面揭露重要遗存，并配合农村基本建设做了不少抢救性发掘；第二阶段（1999年至今）以探索遗址的聚落形态为主要目标，再次开展了对遗址的大规模钻探，发现、发掘了一批重要遗存。

第一阶段（1959—1997）

1959年秋至1960年冬，考古工作者通过试掘发现了从龙山文化晚期到"洛达庙类型商文化"（该文化后被命名为"二里头类型文化"和"二里头文化"）连续发展的层位关系，初步建立起早、中、晚三期（相当于二里头文化一、二、三至四期）分期框架。

1961年秋至1964年春，二里头工作队首任队长赵芝荃主持发掘了1号夯土建筑基址东半部，揭露面积约6500平方米。在此期间，还发掘出与制陶、铸铜有关的遗存。

1972年秋至1978年秋，继续揭露1号基址其余部分，发掘面积7100平方米；全面揭露2号夯土建筑基址，发掘面积

二里头遗址的卫星图

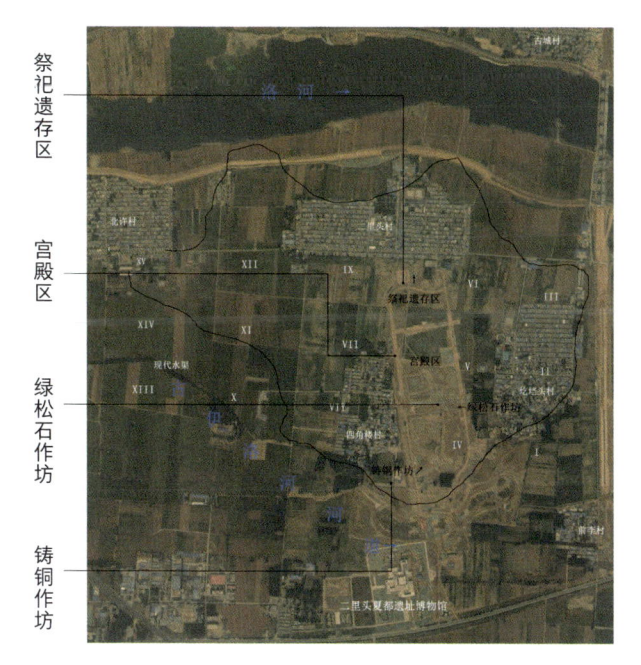

黑色显示了遗址范围和重要遗迹的位置。白色是现代村庄和发掘者根据农田、水渠等界限，把遗址分为 I 到 XV 的共 15 个区域。其中最主要的是宫殿区，宫殿区的面积超过 10 万平方米，此区域是历年来考古工作的重点，因此对其了解也最丰富，我们可以窥见其营建过程。

祭祀遗存区

宫殿区

绿松石作坊

铸铜作坊

4366 平方米。这两座规模巨大的基址最终确定了二里头遗址都邑遗存的属性。这一时期，考古学者首次提出了"二里头第四期文化"这一概念。

1980 年，郑光接任中国社会科学院考古研究所二里头工作队队长。截至 1997 年，在郑光的主持下，考古工作者对二里头遗址共进行了 15 次发掘，清理了中小型房址、铸铜作坊遗址、制骨有关遗存、祭祀有关遗存和墓葬。青铜礼器、玉器、绿松石器、白陶器、漆器与海贝等奢侈品或远程输入品的出土，进一步显示了二里头遗址都邑文化的重要内涵。

第一阶段发掘与研究工作的重点主要集中在两大方面，一是建立起可靠的文化分期框架，二是通过对大型夯土建筑基址、铸铜作坊遗址、贵族墓葬的发掘，确立了二里头遗址作为中国早期国家都城遗存的地位。

第二阶段（1999年至今）

自1999年起，新任二里头工作队队长许宏将对遗址聚落形态及其演变过程的探索作为重点，二里头遗址的发掘工作进入第二阶段。

1999年秋季，考古工作者对遗址边缘地

绿松石龙·二里头文化
二里头夏都遗址博物馆藏。2002年河南偃师二里头遗址VT15M3出土。此物出自高等级贵族墓葬。龙长64.5厘米。由2000余片各种形状的绿松石片组合而成。

区及其外围进行了系统钻探，确认了遗址的现存范围与遗址边缘区的现况、成因。初步确认以往认定的聚落中心区位于遗址东部高地，而地势偏低的遗址西部则为一般居住活动区。

2001年，在宫殿区的北侧、东侧和南侧，考古工作者发现了3条垂直相交的大道，初步查明了遗址中心区道路网络系统。

2001年秋至2005年秋，陆续探明了第3~12号夯土建筑基址，并对部分基址进行了发掘，这项工作持续至今。

2001年秋，在3号基址中院院内发现了2座贵族墓葬。2002年春又在3号基址南院内发现3座贵族墓葬，包括出土了著名绿松石龙形器的VT15M3墓葬。

二里头出土文物一览表

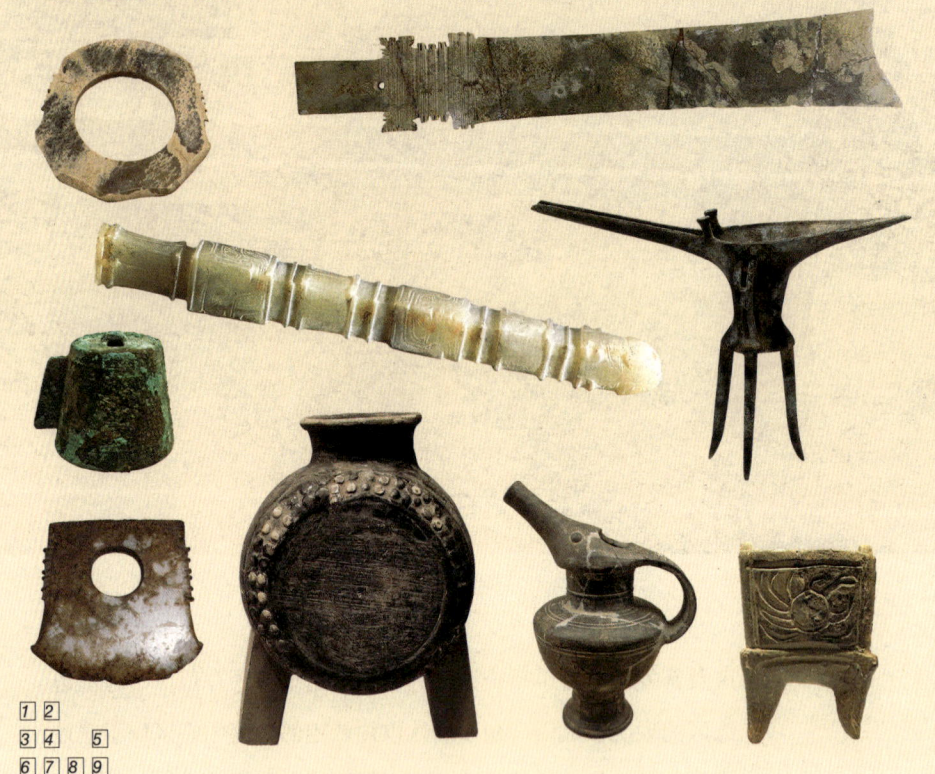

1	2	
3	4	5
6	7	8	9

1 玉戚璧
二里头夏都遗址博物馆藏。1975年河南偃师二里头遗址 VI KM3 出土。

2 玉璋
洛阳博物馆藏。1974年河南偃师二里头遗址出土。

3 青铜铃
河南博物院藏。1975年河南偃师二里头遗址 V 区出土。

4 玉柄形器
中国社科院考古研究所藏。河南偃师二里头遗址 4 号坑出土。

5 乳钉纹爵
二里头夏都遗址博物馆藏。1975年河南偃师二里头遗址出土。

6 玉钺
二里头夏都遗址博物馆藏。河南偃师二里头遗址出土。

7 陶鼓形壶
二里头夏都遗址博物馆藏。1991年河南偃师二里头遗址 VI H9 出土。

8 象鼻陶盉
中国社科院考古研究所藏。1984年河南偃师二里头遗址 IX M4 出土。

9 陶方鼎
二里头夏都遗址博物馆藏。1983年河南偃师二里头遗址 IV 出土。

二里头遗址1号宫殿平面复原图

2003年春至2004年春，考古工作者陆续发现了宫城的东墙、北墙和南墙，在东墙偏南处发现门道遗迹，南墙外大路上发现车辙，在西墙内外发现了路土的存在。

2004年秋至2012年春，在宫城以南发现并部分发掘了带有围垣的作坊区，面积在12万平方米左右。绿松石器作坊位于作坊区东北部，铸铜作坊位于其南部，此外还有零星的骨器加工点和陶器生产场所。

这一阶段道路网络、大型夯土建筑基址群、贵族墓葬、宫城城垣及围垣作坊区等重要遗迹的发现与发掘，进一步强化了二里头遗址在中国早期国家研究中的地位。

夏都商都论定难

二里头遗址发现至今已逾一个甲子，其恢宏的气势使得最为严谨而保守的学者也不得不承认它曾是一个文明高度发达的早期国家都城。一般认为，原始社会之后，中国黄河流域依次出现过夏、商、周三个早期国家。二里头文化的存在时间相当于夏、商时期，二里头遗址应该就是夏朝或商朝都城的遗存，但它究竟是属于夏人还是属于商人却众说纷纭，学界主流虽有一定共识，但至今未能形成定论。

最早发现二里头遗址的徐旭生先生将其与商朝开国君主商汤所居的西亳联系起来，这一观点在当时的学界产生了极大的影响。时任中科院考古研究所所长夏鼐先生认同二里头可能为西亳的观点。他进一步指出，如果二里头文化晚期是商汤时代的遗存，那么较早的早中期遗存应属于商代先公先王时代的文化；如果夏文化与商文化并非文献所示那样，属于两种不同的文化，那么二里头早中期便有属于夏文化的可能。在夏先生观点的基础上，赵芝荃、殷玮璋根据二里头遗址第三、四期有大型夯土基址，提出二里头文化三、四期应是早商文化，二里头一、二期可能是夏代后期文化；郑光根据20世纪70年代中期新发现的二里头二期大型夯土基址，提出二里头二、三期为早商文化，二里头一期和豫西龙山文化为夏文化。

1977年，邹衡先生在登封夏文化研讨会上论证了郑州商城亳都说，否定了二里头遗址为西亳遗存的观点，提出二里头文化一至四期不可分割，就是夏王朝所属的考古学文化，夏文化与后来的商文化是两支来源不同的考古学文化。邹先生的看法很快得到了佟柱臣、郑杰祥、陈旭等一众学者的赞同。孙华先生基本同意邹先生的说法，提出二里头一、二、三期是夏文化，四期的年代已入商朝，是夏、商两种文化融合之后的遗存。

1983年，在二里头遗址东北约6千米的尸乡沟发现了一

考古人员操作无人机对遗址进行拍摄。

座早商城址,即偃师商城。随着对其发掘、研究的深入,主张偃师商城应是成汤灭夏后的"西亳",二里头遗址应是夏代都城的学者日渐增多。

2000年,《夏商周断代工程1996—2000年阶段成果报告(简本)》出版,公布了对二里头遗址新的常规碳-14年代标本的测定结果,对这些数据进行拟合后得到的二里头遗址年代范围在前1880—前1520年之间。据先秦典籍古本《竹书纪年》所载,夏代积年为471年,由夏商周断代工程专家组所估定的商始年(前1600)上溯,夏王朝的始年为前2070年。由于二里头遗址的上限远晚于夏始年,多数学者倒向二里头是夏后期都城的观点。

陶蟾蜍

陶蟾蜍·二里头文化

二里头夏都遗址博物馆藏。二里头遗址采集。蟾蜍双目圆凸，嘴巴微张，腹部扁平，屈肢俯卧，背部布满细线雕刻的圆圈纹。整个蟾蜍造型敦厚，形象奇特，生动有趣，雕工娴熟。

网格纹鼎·二里头文化

二里头夏都遗址博物馆藏。1987年二里头遗址 VM1 出土。这是迄今为止我国考古发现的年代最早的青铜鼎，造型和纹饰风格与河南龙山文化晚期的陶鼎形制一脉相承。二里头青铜鼎的出现意味着王权礼制的萌生。

网格纹鼎

七孔玉刀·二里头文化

二里头夏都遗址博物馆藏。1975年偃师二里头遗址 VII KM7 出土。长65厘米，宽9.5厘米，玉料呈墨绿色。刀形为肩窄刃宽的宽长梯形，两侧各有一组对称的扉牙；玉刀两面纹饰相似，为网状和几何图形；刀背处有等距且排成一条直线的七个圆孔。这是迄今为止二里头遗址出土的最大的一件玉器，更是一件不可多得的玉器珍品。

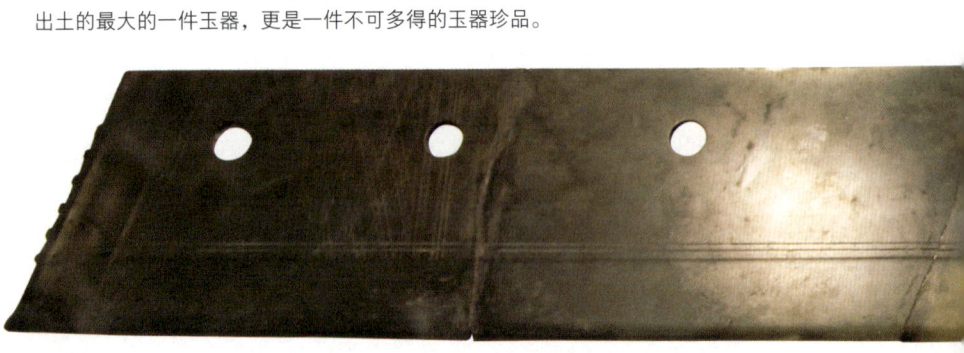

2007年，测年专家张雪莲、仇士华、蔡莲珍等人公布了新砦—二里头—二里岗文化长系列年代测定的结果，二里头文化第一期的年代约为前1735—前1705年，二里头文化第四期的年代约为前1565年—前1530年。这一高精度测年数据使原先所认知的二里头文化存续时长大大缩短，二里头文化的第三、四期已进入断代工程估定的商代早期。虽然夏商周断代工程得出的年代框架并非没有误差，但考虑到断代工程所选定的商王朝下限年代较晚，而商之积年又没有太多可以压缩的空间，故目前还是应承认公元前1600年作为商始年的合理性。如此来看，最新的测年数据更支持先前二里头为早商都城的假说。受到该研究的影响，近年来又有一批学者重提或倾向"二里头主体商都说""二里头前夏后商说"。

造成二里头遗址王朝归属问题难以最终解决的原因是多方面的，有考古学文化难以全面反映政治权力交替的因素，有文献记载晚出且多有抵牾的因素，有夏商年代学研究尚不完善的因素，但最核心的还是缺乏自证性文字材料。这一问

七孔玉刀

题的最终廓清,仍有赖于直接性文字材料的发现,并从中解读出更为丰富的历史信息。

从二里头到最早的中国

虽然我们暂时还不知道二里头遗址的王朝归属,但这丝毫不影响它在中国文明发展史上的地位。二里头遗址是当时中国乃至东亚地区最大的聚落,拥有目前所知最早的宫城遗存和宫室建筑群、最早的青铜礼器群与青铜冶铸作坊。它高度发达的文化内涵和大范围、跨地域的文化吸收与辐射,形成辐辏之势,使以其为代表的二里头文化成为中国历史上最早出现的核心文化。

二里头遗址现存范围北至洛河滩,东缘大致在圪垱村东一线,南到四角楼村南,西抵北许村。整个遗址略呈西北—东南向,东西长约2400米,南北宽约1900米,北部为今洛河所冲毁,现存面积约有300万平方米,估计原聚落面积应在400万平方米左右。

在二里头时代前,龙山时代的中心聚落面积一般在10余万至30余万平方米,龙山时代晚期的新砦都邑约有100万平方米。在二里头一期的初期阶段,二里头聚落面积就超过了100万平方米。从第二期开始,二里头聚落的面积已达300万平方米以上,远超同时代其他古城。

宫城始建于二里头文化第二、三期之交,一直沿用到二里头文化最末期。宫城平面呈纵长方形,南、北墙复原长度

嵌绿松石兽面纹铜牌·二里头文化

二里头夏都遗址博物馆藏。2002年偃师二里头遗址VM3出土。一组3件,此为其中一件,和绿松石龙出自同一墓葬。器身以青铜铸出主体框架,四角钝圆,略呈亚腰形,两侧各有对称环钮。其上以数百片绿松石拼合镶嵌出兽面纹,加工精巧,丝丝入扣。铜牌出土时安放在墓主人的胸部,从两侧有对称的穿孔钮可知,原先应穿缀系于主人胸前,应是作为沟通天地神人等的重要载体。

青铜爵·二里头文化

中国国家博物馆藏。1984年河南偃师二里头遗址出土。器流、尾较长，无柱，束腰、平底、镂空，三足呈细锥状。经测，其合金成分为铜92%、锡7%，属锡青铜，是目前所知中国历史上出现最早的青铜容器。

约290米，东、西墙复原长度在360米左右，总面积近11万平方米。宫城围墙是用夯土版筑而成，墙宽在两米左右。东墙上已发现门道2处，南墙发现了可能是宫城正门门塾的遗迹。

在二里头遗址宫殿区，考古工作者已探明的大中型夯土建筑基址多达数十座。在晚期宫城内已确认有两组大型建筑基址群，一组为1号宫殿基址和7号建筑基址所组成的宫城西路建筑群，一组为2号宫殿基址、4号基址和增筑于二里头文化末期的6号基址所组成的宫城东路建筑群。这两组建筑群南北排列有序，绵延长度近200米，有明确的中轴线，这是迄今所知中国最早规划有中轴线的大型宫室建筑群。1号宫殿基址面积约1万平方米，是一座建立在大型夯土台基上的复合建筑。它规模宏大，结构复杂，布局严谨，具有主体殿堂、四周廊庑与围墙、宽阔的庭院和正门门塾等单元。

二里头文化时期是中国青铜时代的开端，在二里头遗址已出土了种类众多的青铜器，如爵、角、斝、盉、鼎、瓿等青铜容器，戈、钺、戚、斧、镞等青铜武器，还有刀、凿、锥、锛、锯、纺轮、鱼钩、钻等小型青铜工具与装饰品。这些青铜器主要属于二里头三、四期,特别是青铜容器、兵器皆属第三期以后。

在青铜容器中,出土数量最多的是酒爵,达13件。这些铜爵的共同特征是三足外撇,作三棱或四棱形,平底、束腰,鋬呈扁体,窄长流,流口间无柱或有短柱,口沿边有凸起的棱。虽然与我们熟悉的晚期铜爵相比,这些铜爵还十分质朴,但考虑到已知多数铜爵都出土于墓葬中,因此,它们很可能属于随葬的礼器。

鼎是中国古代重要的青铜礼器,"九鼎"是政权的象征。比较遗憾的是,二里头遗址至今只出土了一件小圆鼎。不过,遗址中也曾发现过数件小型陶方鼎,与郑州商城所出大型铜方鼎在形制上极其类似,我们有理由相信这一时期已有铜方鼎的存在。

二里头遗址还发现了已知中国最早的青铜铸造作坊,面积约1万平方米左右,使用时间从二里头早期一直延续到最末期。作坊遗址主要包括浇铸工场、陶范烘烤工房、陶窑等遗迹,出土有小件铜器、陶范、石范、坩埚、炉壁、铜矿石、铅片、炼渣和木炭等。学者综合已有资料提出,二里头时代能够铸造青铜礼器的作坊仅此一处,这显示了早期国家对礼制的一元化管理和权力中心的唯一性。

二里头文化当时并不是孤立的存在,其周围及更远的区域还分布着其他若干各具特色的考古学文化,如山东地区的岳石文化、豫北冀南的下七垣文化、河北北部的夏家店下层文化等,这些考古学文化与二里头文化之间存在着不同程度的联系与交流。二里头文化既在不同程度上影响了其他的考古学文化,同时也汇聚了四面八方不同区域的文化因素。两相比较,前者居于主要地位。在这不断的交流过程中,华夏大地完成了由多元走向一体的转型,最早的中国逐渐形成。

二里头遗址的"中国之最"有哪些?

自1959年徐旭生先生踏勘二里头遗址开始,直到如今,二里头遗址在考古发掘中给人们带来了很多惊喜,也发现了很多令世人惊叹的"中国之最"。在考古发掘中,二里头遗址发现了中国最早的大十字路口和城市主干道网,发现了中国最早的宫城,发现了中国最早的中轴线布局宫殿建筑群,发现了中国最早的青铜器铸造作坊、最早的绿松石器作坊。而这些"中国之最"进一步证明了二里头遗址是一处经过缜密规划、严整布局的大型都邑,就目前的认识而言,延续了3000多年的中国古代王朝都城的营建规制,是发端于二里头遗址的。

玉戈·二里头文化

二里头夏都遗址博物馆藏。1975年河南偃师二里头遗址出土。此玉戈出自高等级贵族墓葬。内前部两端装饰扉牙,侧面刻划多组平行细线纹。该造型与同时期的青铜戈相似,但是不具有实用性兵器的属性,为二里头文化大型有刃玉礼器之一。该件器物通体抛光,做工精湛,器形庞大,气势恢宏。

殷墟遗址

商代文明的繁荣时代

　　殷墟，或称殷虚，指的是商王朝最后一个国都殷邑的故墟。商族在成汤建国之前就是一个频繁迁徙的部落，传说迁都有八次之多，实际上可能还不止于此数。成汤灭夏建立商王朝后，商朝的国都亦经数度搬迁，一直到商王盘庚徙都于殷，商族才改变了"不常厥邑"的习惯，开始了定居生活。经过近百年的经营，商都殷邑建设得繁华壮丽。《诗经·商颂·殷武》歌咏其盛况云："商邑翼翼，四方之极。"在诗人的笔下，商都是那样的整饬，堪为四方诸国的模范。

龟甲卜辞残片·商后期

台北"中研院"史语所藏。此龟甲卜辞残片出自殷墟,具体出土时间不详,但是其上所刻卜辞清晰易辨。这是一片何组卜辞,约当武乙、文丁时期。中线右边释文:"癸未卜,王,贞,翌甲申……三百……自上甲至于……余一人……"中线左边释文:"余一人亡……"

寻找失落的都城

前1046年,周武王牧野大战一举克商,商纣王登鹿台自焚而死。由于政治中心发生了转移,殷邑迅速走向了衰败。纣王的庶兄箕子在朝见周王的路上途经故都,看到宫室倾颓,庭生禾黍,已是一派荒凉的景象,殷邑沦为殷墟。星移斗转,沧海桑田,殷墟也渐渐淡出了人们的记忆,西汉以后鲜有人再提起。及至明代,殷墟已演变成华北平原上极为普通的蕞尔小邑——小屯村。

小屯村起初只有数户人家,到清末也才增长到数十户,多以种植小米、麦子与棉花等农作物为生。早在光绪六年(1880),这里就有农民在整理土地的时候拾得兽骨或龟甲。有些经济头脑的村民,或把它们论斤卖给中药店,充作药材龙骨与龟板；或是将之研磨成粉，制成医治创伤的刀尖药。甲骨有加刻文字者，村民不识，只是觉得这样的甲骨作为中药材品相不佳，故多预先整治刮削。

到了光绪二十四、二十五年（1898—1899），始有古董商人将小屯出土的甲骨作为可能会获利的古物贩售于北京、天津一带。时任国子监祭酒的王懿荣平素就有收藏吉金石刻的爱好，对文字考订也颇有研究，他初见甲骨就意识到其重要价值，遂不惜金钱，大肆搜购，短短一年时间就收藏了1500余片甲骨。遗憾的是，王懿荣并未有机会深入研究这些甲骨，庚子（1900）秋七月，"八国联军"攻入北京，王懿荣投井殉国。

次岁辛丑（1901），王氏的好友刘鹗也开始搜集甲骨，他判断出甲骨文是"殷人刀笔文字"，乃商代遗物。1903年，刘鹗选择了1058张甲骨拓片，编为《铁云藏龟》一书石印出版，

《铁云藏龟》是第一部甲骨文著录书，刘鹗辑，1903年抱残守缺斋石印出版。《铁云藏龟》为中国甲骨文字付诸影印之第一书。由于当时印刷质量不精，书内的拓本模糊不清者甚多，不便阅读。后来，罗振玉于1915年在从私人收藏者手中收到的甲骨片中精选数十板，为之影印，定名为《铁云藏龟之余》。

从此，甲骨文不再是个别收藏家秘不示人的珍奇古董，成为广大学者的研究资料。甲骨文的发现堪称中国学术史上一件划时代的大事，它重树了学界对中国上古史的信心，推动了新史学的建立，也促成了对殷墟的科学发掘。

由于贩卖甲骨有暴利可图，古董商人将其出土地点作为重要的商业机密隐瞒起来，诡称其出自河南汤阴牖里城或卫辉附近的朝歌故址。1908年，金石学家罗振玉经过多年的留意探寻，终于获知甲骨的确切出土地点在河南安阳小屯村，殷墟遗址由此进入了学术界的视野。

1928年10月，中央研究院历史语言研究所（简称"中研院"史语所）在广州成立，正是这一研究机构主导了对殷墟最初的科学考古发掘。还在研究所筹

1 董作宾先生在小屯村进行测绘

台北"中研院"史语所藏。照片拍摄于1928年殷墟第一次考古发掘期间，照片右侧是董作宾先生，左侧是构造地质学家李春昱，他当时担任殷墟考古测绘专员。

2 李济先生在殷墟考古发掘现场

照片拍摄于1929年秋殷墟考古发掘期间，李济先生当时站在横十三丙北支坑边上，手持一块彩陶残片。

备阶段,代理所长傅斯年就派董作宾到小屯进行初步调查。经过实地勘探,董作宾得出了"甲骨挖掘之确犹未尽"的结论。董作宾在报告书中谈道:"甲骨既尚有留遗,而近年之出土者又源源不绝,长此以往,关系吾国古代文化至巨之瑰宝,将为无知土人私掘盗卖以尽,迟之一日,即有一日之损失,是则由国家学术机关以科学方法发掘之,实为刻不容缓之图。"读了董氏的报告,傅斯年立即筹措了1000银圆的经费,令董作宾购置各类设备,组织工作队,领导试发掘。

中国考古学的摇篮

董作宾主持的试掘工作始于1928年10月13日,30日结束。具体发掘分三区展开,一区位于小屯村东北洹河南岸,二区在小屯村北,三区在村中。共开挖探坑40个,揭露面积约280平方米。获有字龟甲555片,有字牛胛骨299片,以及铜、陶、骨、蚌、玉石器等。

1928年12月,中研院史语所成立考古组,次年春,李济被聘为考古组主任,亲往安阳主持工作,1929年3月7日至5月10日进

殷墟第四次发掘期间考古人员合影

1931年春,殷墟开展了第四次考古发掘。其间,河南省政府特派员于袁家花园养寿堂宴请地方人士和考古工作人员。照片前排左起为:郭宝钧、李光宇、董作宾、李济、周英学、刘屿霞、梁思永;最后排中立者为谷重伦;左后最高者为马元材。

行了第二次发掘。李济领导的发掘不再以寻找甲骨为主要目标，铜器、陶器、兽骨等作为标本都受到了同等重视。发掘也开始注意到地层的划分和对灰坑、墓葬等遗迹现象的考察。这些变化标志着殷墟发掘从此完全脱离了传统金石学的范畴，走上了现代田野考古学的道路。

1928年10月到1937年6月，史语所一共在安阳组织了15次发掘，工作主要集中在小屯北地、侯家庄西北冈和后冈，在大司空村、侯家庄南地、四磨盘、王裕口北地也进行了发掘。在遗迹方面，发现了殷代大型宫殿宗庙的夯土基址、半地穴房址、窖穴、灰坑以及水沟。在墓葬方面，发掘了8座"亚"字型大墓，3座"中"字型大墓，1座未建成的大墓，1000余处殉葬坑、祭祀坑，数百座小型墓葬。出土大量珍贵文物，包括甲骨文24918片，数以万计的陶器、青铜器、玉石器、角牙器、骨器、蚌器等。还采集了大量人骨、兽骨等标本。经过了十年的殷墟发掘，锻炼和培养了李济、梁思永、郭宝钧、吴金鼎、刘燿（尹达）、石璋如、胡厚宣、高去寻、夏鼐等一批杰出的考古学者。

抗日战争和解放战争期间，受战乱影响，官方主导的殷墟科学发掘陷于停顿。中华人民共和国甫一成立，就重新启动了殷墟考古。此后，除"文化大革命"期间暂时停滞外，殷墟发掘基本年复一年，直至今日。安志敏、郑振香、陈志

1 刻辞卜甲·商

中国社科院考古研究所藏。1991年河南安阳花园庄东地H3出土。龟腹甲，甲面呈灰褐色。卜甲反面施钻凿灼，正面兆纹经过刻划。字中填墨。

2 带填朱卜辞兽骨残片·商后期

台北"中研院"史语所藏。河南安阳小屯遗址SYPE016出土。兽骨曾经修整，背面有四个钻灼痕，正反两面均刻有卜辞。根据卜辞可知这是关于狩猎的占卜。

背面释词

上……『之日王往逐在蠱豕，允获九。』

下……『贞，其弗获。』

正面释词

右……『辛酉卜，韦，贞，今夕不其……』

左……『辛未卜，亘，贞，往逐豕，获。』

达、杨锡璋、杨宝成、刘一曼、唐际根、岳洪彬等一代又一代考古学家为之付出了辛勤汗水。新中国成立70余年来,以中国社会科学院考古研究所(1977年前隶属于中国科学院)为主导的殷墟考古取得了更为丰硕的成果。

  首先,殷墟考古的时空范围空前扩大。20世纪30年代,考古工作者基本确认殷墟遗存主要分布于洹河两岸。50年代,通过进一步钻探和踏查,划定了约24平方千米的殷墟范围。

1 牛方鼎·商

台北"中研院"史语所藏。河南安阳侯家庄西北冈M1004出土。通高73.3厘米，长64.2厘米，宽45.4厘米。

2 玉人·商

中国国家博物馆藏。1976年河南安阳妇好墓出土。高7厘米，宽3.5厘米。此件玉人用写实的艺术手法，将玉人神态、发型、冠饰、服饰以及坐姿等细腻描绘，为研究当时商人衣冠服饰等提供了资料。

目前，已知殷墟遗址面积已达到36平方千米。更有学者提出"大殷墟"的概念，认为以旧彰德县城为中心，东西约38千米，南北至少18千米的巨大遗址群都属于"大殷墟"的范围。

其次，殷墟文化分期日臻完善，殷墟考古的时空框架得以建立。根据90多年来的殷墟考古发现，学者将殷墟文化划分为四期：第一期对应商王武丁前期；第二期对应武丁后期与祖庚、祖甲时期；第三期对应廪辛、康丁、武乙、文丁四位商王；第四期对应帝乙、帝辛时期和西周初期。

再次，殷墟遗址不断有重要文物出土。1973年3月至12月考古研究所安阳工作队两次发掘小屯南地，出土甲骨4805片，其中基本完整的牛胛骨多达100余版，为1928年以来仅见。1976年，考古工作者发现了保存完好的妇好墓。妇好是商王武丁的配偶，其墓葬中出土了468件铜器、755件玉器、47件宝石制品、63件石器、564件骨器，还有少量象牙器、陶器、蚌器，随葬器物品种、数量和有铭铜器之多，前所未见。1991年，安阳工作队在花园庄东地发现了一个堆积有甲骨的长方形窖穴,出土有字甲骨689片。这批甲骨的占卜主体是称作"子"的贵族,与一般以商王为占卜主体的甲骨不同,对研究商代家族形态有重要作用。

最后,殷墟的聚落布局日益清晰。在殷墟第一期时,小屯开始成为都邑中心,建立起新的宫殿和宗庙,居民点散布在小屯附近。殷墟第二期人口显著增加,更多的氏族从外地迁入,大型沟渠和道路系统开始出现,铸铜、制陶、制骨作坊沿沟渠分布,手工业生产进入繁荣期,西北冈墓地形成"王陵区"。殷墟第三、四期时,原有族邑规模迅速扩大,数量也有明显增加,外来人口的迁入有所减少但仍在持续,水网、路网系统更为复杂,殷邑发展达到鼎盛。

青铜爵·商
台北"中研院"史语所藏。河南安阳大司空村遗址大司空M34出土。圆腹圆底,侈口,前有流,后有尾。流与口相接处口上有两立柱,柱顶上有涡纹,顶作笠帽状。腹三足作三角形,下尖锐。腹外有鋬。

光辉璀璨的青铜王朝

青铜器是中国历史文物中最重要的门类之一。中国青铜器制作精美、品类众多,可称得上是举世无两。殷墟青铜器以多变的形制、繁缛的纹饰和精湛的工艺,达到了中国古代青铜器发展史上第一个高峰。

商代晚期,青铜器在器类和器形上较之先前都有了长足发展。仅就青铜礼器来看,殷墟青铜器就可分为炊食器、酒器、水器和杂器四大类。其中炊食器又可分为鼎、甗、簋、鬲、豆5种；水器主要有盘、盂2种；杂器有罐、箕形器和方形器3种；酒器最为复杂，主要器类有斝、尊、觚、爵、角、瓿、壶、盉、卣、罍、方彝、觯、觥、缶、斗15种之多。而且，同一品种也常常具有不同的型式，例如鼎有圆鼎、分裆鼎、方鼎和浅盘扁足鼎等。这些型式有的只是短暂流行，有的则在较长的期间内一直存在。特别引人注目的是那些形制独特的异形器物，像妇好墓中出土的三联甗和偶方彝，都是独一无二的珍品。三联甗下部的甗架形似长方形桌案，腹腔中空，可贮水，上设三个器座，置有三个甑，能同时蒸煮多种食物。偶方彝整体呈长方形，似两个方彝合为一体，器盖长边一面有七个方形小槽盖，另一面则是七个尖形小槽盖，与器体口沿小槽口相合。

殷墟青铜器上所见纹饰主要有动物纹和几何纹两大类。较为常见的动物纹有兽面纹、夔纹、鸟纹、蝉纹等，龙纹、虎纹、象纹、鸮纹、龟纹、蛇纹、鱼纹也偶有出现。常见的几何纹有云雷纹、菱形云雷乳钉纹、弦纹、联珠纹、涡纹、四瓣目纹、蕉叶纹、瓦楞纹等。商代后期青铜器较之前期器物胎壁趋于厚重，这更有利于铸造出多层次的花纹。殷墟青铜器花纹及附加装饰更加繁多，流行"满花"器物，而且在花纹下面还衬有地纹。花纹上面又有叠加细花者，俗称"三层花"，更给观赏者以繁丽细腻的印象。以偶方彝为例，其器盖前后中间饰兽面纹，两侧辅以鸟纹，两端侧面有对称的倒竖龙纹。彝颈中间设置浮雕羊首，两侧同样辅以鸟纹。彝腹饰有外卷角兽面纹，

后母戊青铜方鼎

夔龙纹角形器

旋龙盂

偶方彝

亚长方斝

三联甗

温鼎

1	5
2	6
3	7
4	

1 后母戊青铜方鼎·商

中国国家博物馆藏。1939年河南安阳武官村出土。高133厘米，口长112厘米，口宽79.2厘米。后母戊青铜方鼎（曾称"司母戊鼎"），形制巨大，雄伟庄严，重832.84千克，是目前已知中国古代最重的青铜器。

2 旋龙盂·商

台北"中研院"史语所藏。河南安阳小屯村殷墟遗址西北冈M1005出土。通高15.7厘米，口径25.2厘米，足径16.4厘米。

3 夔龙纹角形器·商

台北"中研院"史语所藏。河南安阳小屯村殷墟遗址西北冈M1022出土。长36厘米，口径8.3厘米。

4 偶方彝·商

河南安阳殷墟妇好墓出土。通高60厘米。该方彝器形特异，形似两件方彝的联体，故名。

5 亚长方斝·商

中国社会科学院考古研究所藏。2001年河南安阳花园庄东地M54出土。通高66.6厘米，柱高13.9厘米，口径26.5～28.2厘米，足高25.6厘米。

6 三联甗·商

中国国家博物馆藏。河南安阳殷墟妇好墓出土。通高68厘米。

7 温鼎·商

台北"中研院"史语所藏。河南安阳小屯村殷墟遗址西北冈M1435出土。通高66.8厘米，口径38.3厘米。

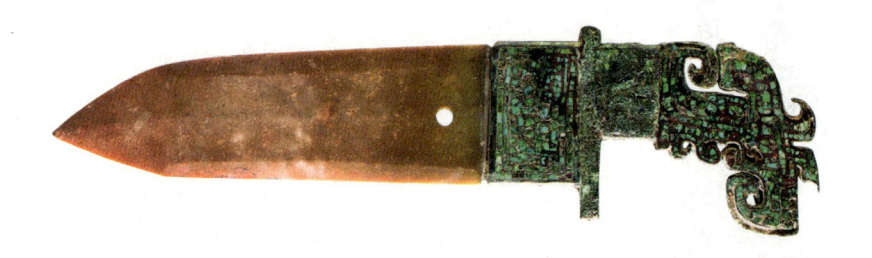

两侧配置龙纹和鸟纹。圈足四隅饰外卷角对称龙纹，凹口处饰对称蛇纹。这些主纹全都突出于器表，其上又施以宽舒的勾曲状条纹，与精细的地纹形成鲜明的对比，衬托出主纹的神秘威严。

商代后期的青铜器在工艺上也比前期有了显著进步，充分发展了分铸法的应用，工匠能够把预制的器物部件巧妙地组合在器范上，铸成形制特异的器物。殷墟侯家庄东区祭坑性质的M1055中曾出土两件"旋龙盂"，盂底中心竖有一柱，顶端呈六瓣花朵形，柱的中部附有四条蟠龙，能够旋转，十分别致。这一时期的器物上还流行镶嵌绿松石、玉石的装饰艺术，多见于兵器，如戈、矛之类。妇好墓中曾出土数件嵌有绿松石的铜戈和虎形器，经修复，外观十分富丽。根据对740号铜戈的估计，装饰面积仅有几十平方厘米的范围，竟镶有两千余片绿松石，足见工艺之精湛。这些殷墟出土的青铜器，无不彰显着晚商文明的高度繁荣。

1
2

1 玉援铜内戈·商
中国国家博物馆藏。河南安阳妇好墓出土。长27.8厘米，玉援长15.8厘米。此器由玉援和青铜内两部分嵌合而成。

2 填朱填墨龟甲·商
1936年河南安阳小屯村YH127坑出土。龟甲内侧的上部和边缘分别刻有卜辞，上部卜辞填朱，边缘卜辞填墨。

中国古代最早的"档案库"

甲骨文的发现,揭开了殷墟的神秘面纱,而随着殷墟的持续发掘,甲骨文的资料也是越来越丰富。据考古发掘的结果可知,殷墟的甲骨有不少是成坑埋藏的。其中最具代表性的甲骨埋藏坑有1936年中研院史语所在小屯村发掘的YH127坑、1973年中国科学院考古研究所在小屯南地发现的甲骨坑和1991年在花园庄东地发现的甲骨坑,其中尤以YH127坑最为著名。

YH127是发掘遗址的标号,Y代表殷墟,H代表灰坑,也就是殷墟127号灰坑。YH127坑位于小屯村北的张家七亩地中。从龟甲的位置与堆积来看,这些龟甲并不是被小心储放在坑内,而是由北边倾倒入坑,形成北高南低的倾斜,北壁贴着不少整甲或碎甲,坑内甲骨排列并无次序,而是杂乱无章,或许它当时并不是有意的储藏。1936年6月12日,中研院史语所对殷墟遗址的第十三次发掘原本计划在这天结束,下午四点,考古人员在YH127坑发现了大量龟甲。由于时间的缘故,现场清理完这些龟甲已不可能,因此考古学家决定对坑中龟甲进行整体提取,然后在室内进行整理。经过周密的安排,考古学家历四个昼夜,"才把这堆松若海绵、质如散沙的灰土和灰土上所衬托的脆弱的、腐朽而不易动手的龟甲,妥适而安全地装入一个高约一公尺宽约一尺七寸的大木箱中"。随后运往

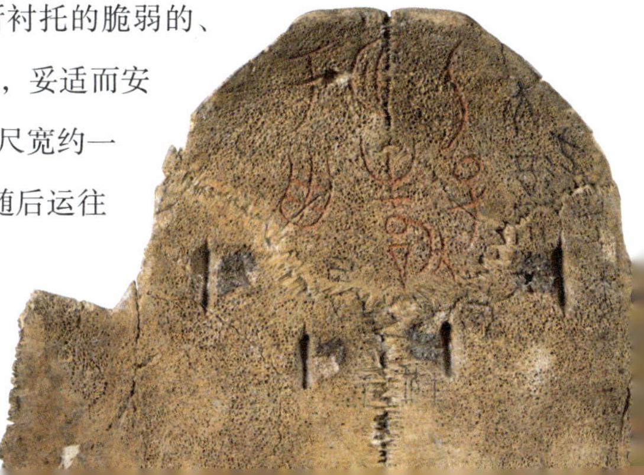

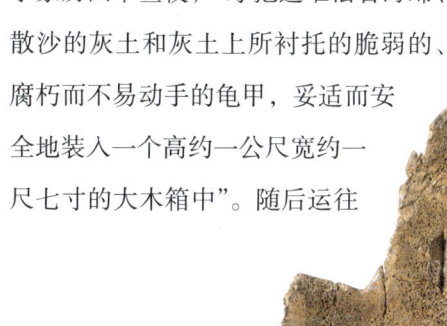

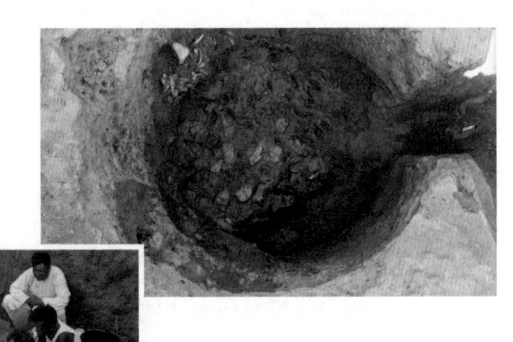

1 YH127 坑甲骨装箱

台北"中研院"史语所藏。照片右侧踞箱上者是李济，其后着浅色背心坐者是高去寻，再后是李景聃。

2 YH127 坑全貌照片

3 YH127 坑甲骨运至南京后的情景照片

安阳火车站，于1936年7月12日运抵南京北极阁的史语所图书馆。由于工人操作的失误，大木箱打开时才发现，整个甲骨完全是倒置的，彻底底朝天了。清理工作最后只能从最下层开始，经过董作宾、梁思永、胡厚宣等人三个月的仔细工作，才清理完坑中甲骨。YH127总共出土了17096片甲骨，除了8片牛骨外，其余都是龟甲，坑内还葬有一人，埋葬年代是武丁时代，YH127被人们称为"商朝的档案室"。

经过整理研究，YH127坑的甲骨不但数量巨大，而且时代相同，具有许多特殊的地方。这批甲骨中有一种特殊的"刻兆"现象。在占卜过程中，龟甲背面灼烧之后，在正面会现出卜字形裂纹，这种裂纹就是卜兆。在殷墟甲骨中，卜兆是较为普遍的存在，但是YH127坑出土的甲骨上有在卜兆之上用刀加以刻划的痕迹，即"刻兆"。董作宾先生认为"刻划卜兆这件事，很明白是为了美观"。YH127坑的甲骨中，还有在文字或卜兆上涂上朱砂或者墨的情况，有的填涂朱砂的甲骨，历经三千年依然色彩鲜艳。而当数条卜辞刻在同一甲骨上的时候，很容易造成混淆，因此YH127坑中有些甲骨上有界划线条，将卜辞分隔开来。

在整理研究中，考古工作者还发现了YH127坑卜辞有成套卜辞现象。所谓成套卜辞是指甲骨上那些可以结合数条而成一套的卜辞。某些省略的成套卜辞，意义难以理解，对照其他完整的卜辞，则含义昭然若揭。成套卜辞有时出现在同一块甲骨上，如《殷墟文字丙编》5号甲骨；有时则分布在序数相连的成套甲骨上，如《殷墟文字丙编》12、14、16、18和20号

甲骨,都是卜问殷王武丁是不是应该联合望乘去攻打下危。因为事关重大,所以每一轮都占卜了若干次,共占卜了五轮。更重要的是,YH127坑还出现了墨书文字,这颠覆了人们长期以来以为甲骨文仅是契刻文字的观念。如其中一块甲骨上墨笔书写着"贞今习其□"的卜辞,从笔画上可以看出运笔的变化和笔道的粗细。有些刻辞还出现了先写后刻的现象,如《殷墟文字乙编》5867号甲骨,就是先用笔书写,然后再用刀刻,书写的痕迹依然保留。

李济先生在《安阳》一书中写道:"最后三次探索获得了大量田野记录、物质发现和田野资料,无论用哪种科学标

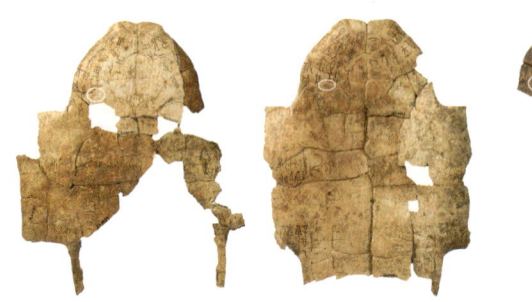

1	3
2	

1 带朱书后刻龟腹甲卜辞残片·商

2 带有编号的成套刻辞甲骨·商
台北"中研院"史语所藏。1936年河南安阳小屯村YH127坑出土。

3《殷墟文字丙编》354刻兆龟甲·商
台北"中研院"史语所藏。1936年河南安阳小屯村YH127坑出土。此刻辞甲骨为整块龟甲,上刻卜辞,卜辞填朱,甲骨上白圈处即为"刻兆"现象。

准衡量，这些都可算是体现了最高的价值。而且，它们为今天了解安阳文化的真实性质提供了基本材料。然而，H127作为一个发掘中的高潮卓然而立，似乎给了我们一种无可超越的精神满足！"

甲骨卜辞讲了些什么？

考古发掘已经发现了十几万片甲骨，这些甲骨上的文字记录了哪些内容呢？根据研究整理的结果，可知殷墟的甲骨卜辞涉及的内容有祭祀、战争、狩猎、历法、天象，以及少量的与生产、生活相关的内容。中国传统纪年所用到的天干地支，在甲骨文中都有记载，而且卜辞还列出了完整的干支表。甲骨卜辞所记录的内容，对于研究商代历史意义重大，尤其是甲骨卜辞所记载的内容，无可辩驳地证明了《史记·殷本纪》所载商代历史的真实性，并且大大丰富了商代的历史内容。

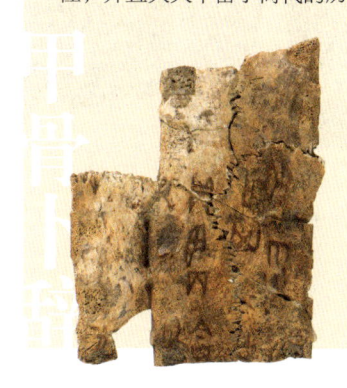

带朱书龟甲卜辞残片·商

台北"中研院"史语所藏。1936年河南安阳小屯村YH127坑出土。这是一个龟甲辞残片，最特殊的一点在于它上面有商朝人的墨迹，内容是关于下雨的贞卜，设问隔天的"丙"会不会有从雨（顺雨）。

殷墟妇好墓出土的国宝

1975年发现的妇好墓，是1928年以来殷墟宫殿宗庙区内最重要的考古发现之一，也是殷墟发掘以来发现的唯一保存完整的商代王室成员墓葬。该墓是一竖穴墓，墓口长5.6米、宽4米、深约8米，面积不大，仅为20多平方米，但却出土了大量陪葬品，共计1928件，有许多是前所未有的艺术珍品。

根据其形制以及铜器铭文中"妇好"和"后母辛"所占的重要地位，一般认为死者应是甲骨文所载商王武丁"诸妇"（嫔妃）之一的妇好，即祖庚、祖甲的母辈"母辛"，也是历史上第一位女将军。其中，玉器共755件，大部分为佩带玉饰。青铜器占468件，样式很多，有不少纹饰华丽的大件器物，以礼器和武器为主。墓中还有6000多枚贝壳，1枚阿拉伯绶贝（阿文绶贝）和2枚红螺壳。墓中也找到第一次完整出土的象牙杯，制作得十分精细。

妇好鸮尊

中国国家博物馆藏。高45.9厘米，口径16.4厘米，足高13.2厘米，盖高13.2厘米，重16.7千克。

妇好墓

1	2	3	4
5		7	
6		8	

1 夔鋬象牙杯
中国社科院考古研究所藏。高30.3厘米，口径11.2厘米。

2 雷纹玉簋
中国国家博物馆藏。高12.5厘米，口径20.7厘米，底径14.5厘米。

3 跽坐玉人
河南博物院藏。高5.6厘米，宽2.8厘米。

4 凤冠玉人
中国国家博物馆藏。高12厘米，宽4.4厘米，厚0.6厘米。

5 妇好钺
中国社科院考古研究所藏。高39.5厘米。

6 石牛
中国国家博物馆藏。高14.5厘米，长25厘米，宽11.5厘米。

7 后母辛方鼎
中国社科院考古研究所藏。通高80.1厘米，口长64厘米，宽48厘米，耳高15.3厘米。

8 妇好方斝
中国国家博物馆藏。高68.8厘米，口长25.1厘米，口宽24厘米。

古蜀大地上的文明奇迹

三星堆遗址

1929年春的一天,四川省广汉真武村的农民燕道诚与他的儿子燕青保正在院旁挖沟。燕青保一锄头下去恰好砸在了硬物上,待他定睛一看,原来是件硕大的"玉环",于是他喊来燕道诚,二人合力将其撬开,没想到下面埋藏着更多的玉器。当时二人心中一阵狂喜,但为了掩人耳目却没有当即挖出,而是等到夜深人静才将宝物运回家。一段时间后,他二人见没有走漏风声,便悄悄地将古玉倒卖。于是古玩市场上出现了一批来路不明的神秘玉器,世人皆称"广汉玉器"。令这两位农民没有想到的是,他们发现的竟然是一处失落已久的古代文明。

沉睡三千年的惊世文明

1931年，英国传教士董笃宜听闻广汉出有古玉，便将这一消息告诉给了前华西大学博物馆的葛维汉（D.C.Graham）及其助理林名均。他们二人又找到郭沫若，请他来鉴定这些古玉。郭沫若在给林名均的回信中这样写道："在广汉发现的器物，如玉璧、玉璋、玉圭等均与华北、华中的器物相似，……年代在西周初期的推测可能是正确的。"

时间又过去了两三年，葛维汉、林名均在取得四川省政府颁发的执照后，在月亮湾一带开始了为期10天的考古发掘。这次试掘是首次在古蜀大地采用科学的方法进行的考古发掘，总计出土了600余件石器、陶器、玉器等。葛维汉将这次发掘到的古物称作"广汉文化"，并将发掘成果总结为《汉州发掘简报》一文，发表在《华西边疆

金面具·商

四川省文物考古研究院藏。2021年四川广汉三星堆遗址3号祭祀坑出土。宽37.2厘米，高16.5厘米，重约100克。眉眼镂空，两耳轮廓圆润，鼻梁高挺，嘴形大而微张，造型威严神圣，是目前三星堆考古发掘中出土最完整的一件金面具。

研究学会会志》上。沉睡三千多年的惊世文明，自此逐渐展露在世人面前，而从这一时刻开始，将近一个世纪的漫长探索又将随之展开。

中华人民共和国成立后不久，四川省博物馆、四川大学历史系先后对月亮湾地区进行过几次小规模的调查和发掘。其中1963年的发掘集中在燕家住宅附近，清理了3组房屋和6座墓葬，提出遗址的年代当在商、西周时期。而从20世纪80年代开始，发掘的面积逐年扩大，发掘的主要地点从月亮湾转移到了不远处的三星堆，考古工作者先后在三星堆东北、西南、三星堆土堆等处进行了长达20年的发掘工作。这些发掘成果为日后全面揭露遗址的文化面貌，以及建立文化的年代序

1 金面具·商

四川省文物考古研究院藏。2021年四川广汉三星堆遗址5号祭祀坑出土。黄金面具残片宽约23厘米、高约28厘米，重量约为280克。

2 龙虎铜尊·商

三星堆博物馆藏。1987年四川广汉三星堆出土。器肩上铸有三只高浮雕的龙头，腹部是三组虎与人的组合图案。

3 青铜面具·商

中国国家博物馆藏。1987年四川广汉三星堆出土。高85.4厘米，宽78厘米。

列，提供了重要的依据。尤其是1986年因砖瓦厂取土而偶然发现的1号、2号祭祀坑更是震惊了世人，成为海内外媒体争相报道的对象。在这两处祭祀坑中，不仅有造型神秘的青铜人面像、立像、神树，还有来自中原的满身纹饰的青铜尊、罍以及华丽的玉璋、玉戈、金杖等。

时隔30多年，2019—2020年四川省文物考古部门再次重启三星堆祭祀区的调查与发掘工作，在原先1号、2号祭祀坑的区域内，又发现了6座祭祀坑。这些祭祀坑的形状都为长方形，祭祀坑中出土了象牙、海贝以及大量的铜器、玉石器和少量的金器等，包括整根象牙、青铜人物立像、青铜人物头像、鸟形金饰、金面罩、玉璋、玉琮等。通过此次的发掘，人们认识到祭祀坑的年代上限可能在殷墟文化第四期，而下限位于西周早期。

由于出土的文物精美，风格诡谲，三星堆遗址被人们誉为"20世纪人类最伟大的考古发现"。历时将近百年的发掘，总共进行了37次，但总的发掘面积不足遗址分布区域的千分之二，也就是说我们目前了解到的仅仅是三星堆遗址的冰山一角，还有更多的惊喜和谜团在等待着我们。

拨开历史的重重迷雾

三星堆遗址位于川西平原北部广汉市的三星堆镇，它南距四川的省会成都有 40 多千米，东距广汉市有 10 千米，具体位于沱江支流鸭子河和马牧河这两条河流冲击所形成的台地，总面积达 12 平方千米，包括三星、真武、回龙等自然村落。所谓"三星堆"实为三座连绵的黄土堆，它位于三星村北，由于该处的文化面貌特别具有代表性，所以使用"三星堆"这一称谓指代整个区域的这一类型的遗存。

三星堆遗址是一座古城，在城的四方依稀保留有城墙，历经三千多年的风霜雪雨，它们已经变得支离破碎，尤其北面的城墙，受到河水的反复冲刷，仅仅残留些许的蛛丝马迹。仔细观察这些城墙，它们都是由主墙和护城坡所组成的，底端大、上端小，墙基的部分宽 40 多米，所以从侧面看更

像一个梯形。城墙在建造时采用了夯筑的技法,同时在城墙的上部还使用了土坯砖。城墙的外侧发现了环绕城墙的壕沟,与鸭子河、马牧河相连通。

走进城内,考古人员由南向北在三星堆、月亮湾、真武宫、西泉坎四处地点发现了大量人类活动的痕迹,这其中包括世人所熟知的祭祀坑,同时也发现有和人们生活相关的房址、墓葬。到目前为止,一共发现了8座祭祀坑,分布在三星堆周围,想必这一区域是三星堆遗址的祭祀区域,位于城内偏南的位置。这8座祭祀坑分为4组,大体形制相当,仅仅是大小略有不同,都呈口大底小的长方形方坑,年代大致相当于殷墟遗址的第4期(商代晚期末段)到西周早期。1号、2号祭祀坑内埋有青铜器、玉器、石器、金器、象牙、海

| 1 | 3 |
| 2 | |

1 三星堆遗址祭祀区分布示意图

2 三星堆4号坑发掘场景
4号坑位于"祭祀坑"群的东北部,4号坑共出土完整器79件、残件1073件。

3 青铜立人像·商
三星堆博物馆藏。1987年四川广汉三星堆遗址2号祭祀坑出土。通高260.8厘米。雕像系采用分段浇铸法嵌铸而成,身体中空,分人像和底座两部分。人像头戴高冠,身穿窄袖与半臂式共三层衣,衣上纹饰繁复精丽,以龙纹为主,辅配鸟纹、虫纹和目纹等,身佩方格纹带饰。

青铜纵目面具·商

三星堆博物馆藏。1987年四川广汉三星堆遗址2号祭祀坑出土。高66厘米，宽138厘米。眉尖上挑，双眼斜长，眼球极度夸张，呈柱状向前纵凸伸；双耳向两侧充分展开；短鼻梁，鼻翼呈牛鼻状向上内卷；口阔而深，口缝深长上扬，似微露舌尖。其额部正中有一方孔，可能原补铸有精美的额饰，可以想象，它原来的整体形象当更为精绝雄奇。

贝等。其中大型青铜立人像、跪坐人像、人面像等的造型与我们常见的形象相去甚远，十分怪异。它们高鼻大嘴，粗眉大眼，眼睛突出而斜视，耳朵宽大而有孔，同时身材的比例也相当夸张。比如眼睛向外突出的青铜纵目人面像，高度竟达半米多，宽度在1.3米左右，是世界上年代最早、体量最大的人面像。由于非常夸张地表现人面像的眼睛和耳朵，所以人们亲切地称它为"千里眼""顺风耳"。3号祭祀坑内埋有铜器、陶器、玉器、金器、石器、象牙、海贝，共计1500余件，如果将填土的器物也计算在内，器物的总数则达到了2600余

青铜人头像·商

三星堆博物馆藏。1987年四川广汉三星堆遗址2号祭祀坑出土。高51.6厘米。圆头顶上似戴头盔,脑后补铸一个戴蝴蝶形的花笄,中间用宽带扎束,两端有套固定发饰。一般认为,这种戴发簪人像应比一般平顶头像所代表的地位高。

件。其中,最典型的器物是3号坑中出土的金面罩。初出土的时候,它已被揉搓成一团,经过工作人员的努力,金面罩得以完整地展露真颜。仔细端详这一金面罩,我们发现它有着一副"国"字脸和一对"扇风耳",眉毛和眼睛的位置采取镂空的形式。金面罩的整体非常薄,原先应该是附着在有机质人面形器物的表面。再有,更加神奇的是,这些祭祀坑内的器物并不是杂乱摆放的,而是按照一定的顺序有意识地逐一摆放到坑中的,结合祭祀坑中发现的焚烧痕迹,专家们推测这些祭祀坑可能与文献中记载的"燎祭"与"瘗埋"的祭祀活动相关,不过也有学者认为它们仅仅是单纯掩埋祭祀物品的土坑。

三星堆地点北侧偏东的位置还曾发现有房屋,都是一些建造在地面的"木骨泥墙"式的建筑。这些房屋的形状多呈长方形,不过也有少量的圆形建筑,而且它们的面积一般都不大,在10~25平方米之间。房屋内的墙面经过了火烤,变得平整而结实。房屋的不远处也发现有墓葬,为土坑竖穴墓,墓主人仰身直肢平躺在墓穴中。不过遗憾的是,房屋和墓葬中都没有发现太多有价值的物品,考古学家仅能通过填土中的陶片来判断它们的确切年代,至

三星堆祭祀坑出土文物一览

1986年8月，四川省考古所在领队陈德安、副领队陈显丹的带领下，对三星堆进行大规模发掘工作，发现两座与商代同时期的大型祭祀坑，坑内出土了1700多件青铜器、玉器、漆器、陶器等，还有80根象牙，4600多枚海贝、铜贝等。

2021年3月20日，"考古中国"重大项目工作进展会在成都举行，宣布在三星堆新发现的3号至8号6座祭祀坑中，出土了古蜀文明的黄金面具、青铜人像、青铜尊、玉琮、玉璧、金箔、象牙等500多件重要文物。学者使用碳-14测年技术对6个坑的73份炭屑样品进行分析，推断三星堆4号坑年代属于商代晚期。

2022年6月，新发现6座祭祀坑的考古发掘工作进入收尾阶段，共计出土编号文物近13000件，其中较完整的3155件。在7、8号祭祀坑发现了龟背形网格状器、铜神坛、顶尊蛇身铜人像、铜戴象牙立人像、铜猪鼻龙形器等大量造型前所未见的文物。

青铜神树

三星堆博物馆藏。1987年四川广汉三星堆遗址2号祭祀坑出土。高396厘米。

1			
2	3	4	5
6	7	8	9

1 玉边璋
三星堆博物馆藏。1987年四川广汉三星堆遗址2号祭祀坑出土。长54.2厘米，宽8.8厘米。

2 铜罍
三星堆博物馆藏。1987年四川广汉三星堆遗址2号祭祀坑出土。高35.4厘米，口径20.3厘米。

3 金杖
三星堆博物馆藏。1987年四川广汉三星堆遗址1号祭祀坑出土。长143厘米。

4 青铜神兽
四川省文物考古研究院藏。2021年四川广汉三星堆遗址3号坑出土。长28.5厘米，高26.4厘米、宽23厘米。

5 戴金面罩青铜人头像
三星堆博物馆藏。1987年四川广汉三星堆遗址2号祭祀坑出土。头纵径14.5厘米，横径12.6厘米，高42.5厘米。

6 金鸟形饰件
四川省文物考古研究院藏。2021年四川广汉三星堆遗址5号坑出土。

7 铜太阳形器
三星堆博物馆藏。1987年四川广汉三星堆遗址2号祭祀坑出土。直径85厘米。

8 铜扭头跪坐人像
四川省文物考古研究院藏。2021年四川广汉三星堆遗址4号坑出土。

9 青铜鸡
三星堆博物馆藏。1987年四川广汉三星堆遗址2号祭祀坑出土。高14.2厘米，长11.7厘米。

于更加详细的信息便不得而知。所以说，相对于令人感到炫目的祭祀区，我们对于三星堆遗址的城墙、房屋的状况还不是很了解，三星堆城市的整体面貌也没有掌握。对于三星堆遗址的探索还有很长的路要走，众多遗迹背后的未解之谜，等待着我们去探索、去发现。

盛极一时的古蜀早期文明

时间退回到3600年前，商人将二里头文化所代表的夏文化与岳石文化所代表的东夷文化纳入版图，进而在以河南北部为中心的中原地区建立起了殷商王朝。在殷商王朝的早期阶段，王室垄断了祭祀时使用的青铜器的生产。这些器物的生产中心位于现今的河南郑州一带，商王室在这个地方将青铜器生产出来，然后分配给全国各个地方。但是到了殷商王朝的中、晚期，随着青铜器在全国的流通，以及因为铸造青铜器的原料需要经过长江中游运输到北方，生产技术从中原向周边扩散。在这一历史洪流中，位于川西平原的三星堆文化走上了历史的舞台，它在继承中原青铜铸造技术的同时，又具有鲜明的地方特色，使得早期古蜀文化成为早期中华文明多元一体格局中的重要组成部分。

三星堆文化的源头可以追溯至一个叫作"宝墩"的考古学文化。宝墩文化是位于川西平原的略早于三星堆的文化。宝墩文化的建筑、墓葬及其日常生活中的工具、陶器等的建造、制作技术，都被三星堆文化继承了下来。比如，三星堆遗址"木骨泥墙"的建筑最早是出现在宝墩文化中的。建造这种房屋的时候先

陶罐·宝墩文化

四川省文物考古研究院藏。2021年四川成都新津宝墩遗址出土。宝墩文化是文明孕育时期的考古文化，宝墩遗址既是这一时期成都平原时代最早的古城址的典型，也是四川即将跨进文明门槛的历史见证。

是在地面挖出墙体的基槽，利用竹子或者木条作为墙体的骨架，再在木骨的外边涂上草拌泥，修整平整后用火烤干。同时，宝墩文化和三星堆文化也都采用单人葬，墓葬形制为竖穴土坑，墓主仰身直肢平躺在墓坑中。再比如，三星堆文化所使用的斧、锛、凿等石质工具的形态几乎与宝墩文化完全一致，虽然时隔千年但外形却没有发生什么变化。

早在宝墩文化时期（距今4500年），一座座大型的"城"屹立在富饶的川西平原，人们生活在"大城"周围，自然而然地形成"城"与"村"的区分，人们之间的关系不再是平等的，而是根据每个人所从事的职业来区分社会地位。等到三星堆文化时期（距今3300年），社会对人群的划分更加明显。考古学家根据青铜人面像的不同造型，推测三星堆文化中存在不同的社会角色，比如纵目尖耳的铜人面像代表天神，没有瞳孔的铜人面像代表先祖，没有瞳孔的铜立像代表现实中的国王，而各种小型铜人像、跪姿铜人像则代表一般贵族、平民和奴隶。

到了距今3000年左右，三星堆文化由盛及衰，它将文化的衣钵传递给十二桥文化。"十二桥文化"这一名称来源于成都的十二桥遗址，但十二桥文化中遗存最丰富、遗址面积最大的却是金沙遗址。金沙遗址位于成都市青羊区金沙村，包括了大型建筑、祭祀区、房址、墓地等各种遗迹。金沙文化与三星堆文化存在明显的吸纳与传承的关系，比如盉、鸟头把勺、壶、瓶、小平底罐、高柄豆等金沙早期的器物完全来自三星堆文化，只是到了晚期，富有金沙文化特征的器形才渐渐成为主流。所以，人们认为金沙遗址是继三星堆遗址之后，川西平原兴起的另一个古蜀文化中心。

总体而言，四川广汉的三星堆遗址完整记录了古蜀文明早期的发展与繁荣，这一鲜活的生命历程将以往只存在于神话中的故事变成了信史，向世人一遍遍讲述着古蜀文明的辉煌灿烂，也在向世人传达多元一体的中华文明的无穷魅力。

三星堆文化

陶三足炊器·商

三星堆博物馆藏。1987年四川广汉三星堆遗址出土。陶三足炊器的特点是三足成鼎立之势，足下可生火加温。

三星堆是外来文化吗？

从三星堆遗址发掘以来，那些造型各异、长相奇特的青铜器，大量的象牙以及海贝，引发了各种猜想。有人就认为三星堆文化来自西方，甚至怀疑三星堆文化来自外星文明。然而最新的考古发掘已经证明，三星堆文化是在巴蜀大地上独立发展起来的，并且与同时期的长江中下游文化和中原地区的商文化有着密切的交流，尤其是青铜尊的发现，已经证明了三星堆文化是中国不同地区文化交流融合的产物。

埋藏地下的音乐殿堂

1979年秋，为了庆祝中华人民共和国成立三十周年，文化部举办了各种文艺活动。9月20日，当时的中国历史博物馆的二楼展厅中，传来了优美的音乐旋律，时而清脆，时而深沉，仔细聆听，演奏的音乐是贝多芬第九交响曲的《欢乐颂》，而演奏乐曲的乐器并不是钢琴，而是一架具有两千多年历史的巨型青铜乐器——曾侯乙编钟。而这一切都要从1978年湖北随州擂鼓墩的曾侯乙墓的发掘说起。

曾侯乙墓

炮声带来的惊天发现

1978年2月，中国人民解放军某部在当时的随县（今湖北随州市）擂鼓墩的东团坡和西团坡进行基建，随着开山破石的一声炮响，炸出了一座尘封两千多年的墓葬。这座墓葬就是大名鼎鼎的曾侯乙墓。根据文化部文物事业管理局的批示，当年5月，在湖北省文物局的组织下，考古工作者正式对该墓葬进行了科学考古发掘。

当覆盖在墓室上方的白膏泥、木炭被一层层清理之后，墓室的木椁终于露了出来。木椁的盖板是用巨型方木铺成，共计47块，每块盖板的长度不一，最短的有5.63米，最长的达到了9.89米。如果按照以往的考古经验用人工抬的形式揭取盖板显然不现实，最后在当地驻军的协助下，利用8吨的吊车将所有盖板顺利揭取。盖板揭取之后，呈现在

曾侯乙墓考古发掘现场照片

人们面前的是灌满椁室的积水。正是这些积水，让墓葬中的文物得以长久保存，漆器大部分色泽如新，青铜器也很少锈蚀。

当所有的盖板清理完毕之后，整个木椁的布局便呈现了出来，几堵墙将木椁分成东、西、北、中四个室，各个椁室的水面等高，可知下方有门洞相通。水面上最先浮现出来的是一只"无头小鸭"，其精美程度让考古队员们惊叹不已，最后这只"小鸭"的头部在西室的一具陪葬棺中被发现，对准凹槽鸭头和鸭身完美契合，这是整个墓室发现的第一件文物，后来被定名为"彩绘乐舞图鸳鸯形漆盒"。接下来的抽水工作让考古队员满怀期待，到底有什么文物，是大家最关心的问题。

随着积水的不断下降，四个椁室的真容逐渐显露出来，最引人注目的自然是中室。气势磅礴的编钟在出水的那一刻，让所有的人都感到震惊。65件编钟绝大多数悬挂在编钟架上，这

1 彩绘乐舞图鸳鸯形漆盒·战国
湖北省博物馆藏。1978年湖北随县擂鼓墩一号曾侯乙墓出土。长20.1厘米，宽12.5厘米，高16.5厘米。木胎。呈鸳鸯形。通体髹黑漆地施艳丽彩绘。颈部、前腹、足部均朱绘鳞纹，间饰黄色细点。腹部两侧绘两幅极其精彩的漆画：左侧绘撞钟、击磬场面；右侧绘击鼓、舞蹈场面。

2 曾侯乙编钟露出水面时场景

在中国考古史上是绝无仅有的。中室的北壁是32件一套的石编磬，编磬的磬片因为淤泥下泄的缘故有所损坏，但是发掘之后都得到了修复。东壁有一座建鼓，鼓腔落水，楹柱断裂，但是以8对16条龙为主体的建鼓底座足以让人眼花缭乱。随着更多的乐器的发掘，整个中室俨然是一座气势恢宏的地下大型乐队。

随着乐器一件件被清理出去，中室的青铜礼器开始呈现出来。在建鼓之旁，靠近中室东壁，有一对联禁铜壶、一件冰鉴缶和一件极其精美的青铜尊盘。联禁铜壶出土时置于一铜禁上，两壶形制、大小相同。壶体分三次铸接，器表虽经打磨，仍可见范接痕迹。鉴缶由方鉴和方尊缶两部分组成，方尊缶置于方鉴之中，结合为一个整体。鉴和尊缶之间有很大空隙，其作用很明显。《周礼·凌人》记载："春始治鉴，凡外内饔之膳羞鉴焉，凡酒浆之酒醴亦如之，祭祀共冰鉴。"可知鉴与尊缶之间的空隙就是用来盛冰的，鉴缶就是青铜礼器中冰酒的器具。尊盘出土时位于鉴缶的西侧，由尊、盘两件器物组成，可以分开放置。出土时尊置于盘中。盘造型奇特，工艺复杂，采用失蜡法铸造。整个尊盘玲珑剔透的透空附饰犹如行云流水，龙蛇蠕动，造型艺术和铸造技术都达到了炉火纯青的程度。据考证，尊盘和鉴缶一样，都是冰酒的器具，但由于尊盘工艺上特别精巧，已经不是实用器具，而成为显示主人豪富的工艺品。这几件器物上都有"曾侯乙作持用终"的铭文，显示了其归属。

铜鉴缶

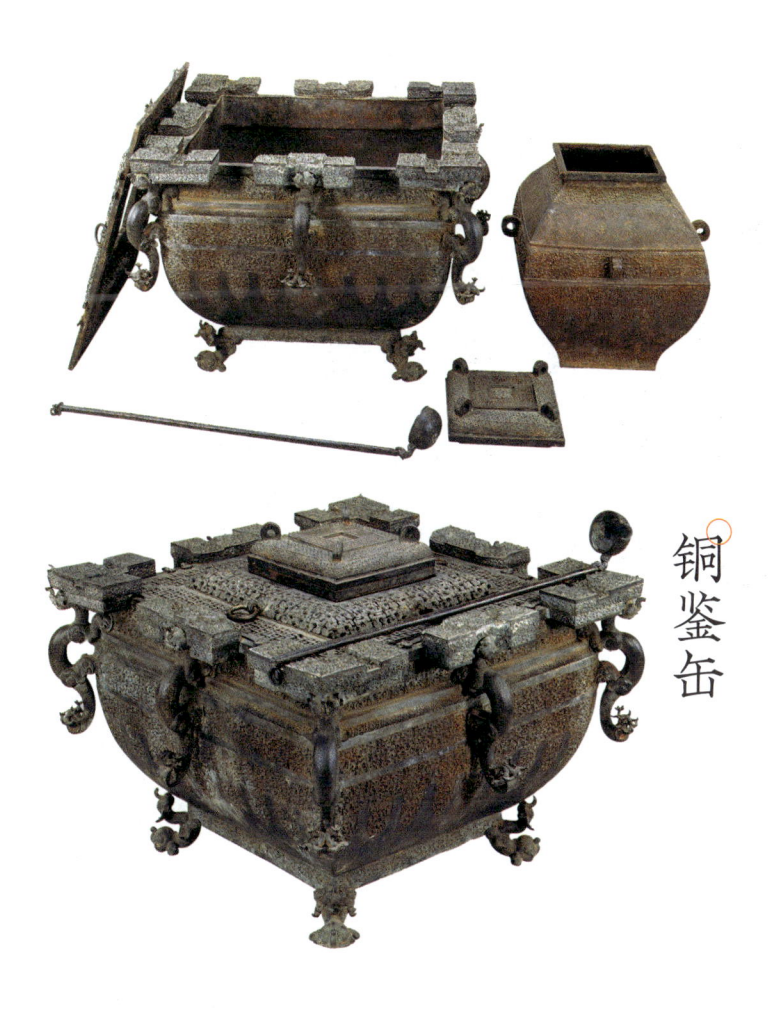

| 2
1 |

1 联禁铜壶·战国

湖北省博物馆藏。1978年湖北随县擂鼓墩一号曾侯乙墓出土。铜禁长117.5厘米，宽53.4厘米，高13.2厘米；左壶高99厘米；右壶高99厘米。

2 铜鉴缶·战国

湖北省博物馆藏。1978年湖北随县擂鼓墩一号曾侯乙墓出土。鉴高61.5厘米，边长分别为62.8厘米和63.4厘米。尊缶高51.8厘米。

铜尊盘・战国

1978年湖北随县擂鼓墩一号曾侯乙墓出土。尊高30.1厘米，口径25厘米，底径14.2厘米；盘高23.5厘米，口径58厘米。这套酒器由本体、各部附件和镂空附饰三部分组成。铜盘内立有一件铜尊，铜尊装酒，铜盘盛冰，就可以起到冰镇的作用。

铜尊

铜盘

尊盘上装饰的是蟠虺纹，这种复杂的蟠虺纹是采用失蜡法熔模铸造的。失蜡法是青铜冶铸史上的重大发明，现代称之为熔模铸造。整个尊体使用了34个部件，通过56处铸焊连成一体，铜盘使用了38个部件，经由44处铸焊连成一体，铸造、组合工艺都极其繁复。

在中室的南壁下，青铜礼器成组摆放，宛如刚下葬时一样，丝毫没有挪动。南壁偏西的地方，并排放置着两件大鼎，鼎内各放置着半边牛体，腹底面有烟炱痕迹，根据鼎内的牛体遗存和腹底的痕迹，可知这两件大鼎是古籍中记载的煮牲肉的镬鼎。出土时，两件大鼎的耳下和耳侧器口上均挂有鼎钩，并放置着一件长柄青铜匕。9件升鼎上盖着竹编盖子，均为束腰大平底式。考古人员发现鼎中有骨骼遗迹，经鉴定为牛、羊、猪、鸡和鱼的骨骼，仅有两件鼎中没有。这些发现证实了古籍中关于九鼎盛放食物的记载，与古籍中盛放牛、羊、豕、鱼、腊、肠胃、肤、鲜鱼、鲜腊的记载基本吻合。盖鼎共9件，但形制差别较大，包括5件牛形钮盖鼎、1件环钮盖鼎、1件三环钮盖鼎和2件兽形钮盖鼎。牛形钮盖鼎上均放置两件鼎钩，鼎内分别是牛、猪、鱼三种动物的骨骼。除了鼎之外，南壁下还有8件方座簋、10件青铜鬲和1件青铜甗。此外，考古人员还发现了一套装有木炭和鱼骨的炉盘，应是煎烤食物的炊具。

曾侯乙镬鼎·战国
湖北省博物馆藏。1978年湖北随县擂鼓墩一号曾侯乙墓出土。鼎通高64.6厘米，口径64.2厘米；钩长24厘米。出土时耳下和耳侧器口上挂有1对鼎钩，需要移动鼎时，可以用它们钩住鼎耳，便于搬动。鼎上有"曾侯乙作持用终"的铭文。

曾侯乙死后的奢华生活

东室是墓主人曾侯乙的栖身之地。东室的中部偏西贴近南壁为主棺，棺木呈南北向放置。主棺的外棺为铜木结构，盖上伸出12个铜钮，底下有10个兽蹄形铜足。外棺的框架为铜制，棺板为木制，通体髹黑漆为地，绘制朱色间黄色花纹。棺身上共有二十组图案，图案基本相同。每组以阴刻的圆涡纹为中心，周围饰朱绘龙形蜷曲勾连纹。在考古过程中，原本计划整体调取主棺，但是由于吊车吊力不足，最后不得不分层吊取。

打开之后，考古人员发现，外棺之内是一副彩绘极为华丽的内棺。内棺长2.5米，头部宽1.27米，足部宽1.25米，高1.32米。由盖板、两边侧板、两头挡板、底板、垫木接榫而成。内棺内壁髹朱漆，较为讲究。外壁多层髹漆，先抹有一层

曾侯乙外棺·战国

湖北省博物馆藏。1978年湖北省随县擂鼓墩一号曾侯乙墓出土。长3.2米，宽2.1米，高2.19米。外棺铜框架的构思巧妙，结构复杂，尤其是角形铜、工字铜、槽形铜这些与现代钢材相同的型号，在当时已经铸造并加以具体利用。

曾侯乙内棺·战国

湖北省博物馆藏。1978年湖北随县擂鼓墩一号曾侯乙墓出土。内棺以红漆为地，用黑、黄、金等颜料描绘出异常繁缛的纹饰。在内棺两侧，中间为对开的"田"字形窗格纹，围绕窗格纹勾勒出许多龙蛇、鸟兽和神怪。

曾侯乙内棺纹饰细节

漆灰泥，打磨后再髹一遍黑漆，然后在黑漆之上涂一遍红漆，最后在红漆地上用墨、金等色绘制异常复杂的图案。盖面纹饰较为简单，共有4行，每行17组，每组为首尾相连成直角状转弯的两条龙。棺身四周纹饰复杂，绘有神、怪、龙、蛇等各种图案，图案组合繁杂，纹饰繁缛，色彩鲜艳。

在主棺之外，还有8具陪葬棺和1具殉狗棺。在这些棺木之间，放置着随葬器物。主棺的周围放置着兵器，兵器主要有戈、弓、矢和盾等。主棺之旁的一件戈上有"曾侯乙之寝戈"的铭文，显然是墓主人亲自使用或者亲近侍卫使用的兵器。乐器放在主棺的东边，即主棺和陪葬棺之间。计有漆瑟5件，五弦、十弦琴各1件，小鼓1件，笙2件。这都是一些轻乐器，显然是墓主人生前室内音乐的再现。主棺底下有一件金盏，重达2.15千克，内装镂空金漏匕，此外还有金杯等器物。

在主棺旁边，还有不少的漆木器，最重要的是5件彩绘衣箱。衣箱作矩形，盖隆起，四角伸出有把手。之所以定名为衣箱，是因为其中一件上阴刻着"紫锦之衣"的字样。衣箱上绘制的图案，多与古代关于天的传说有关，其中一件上绘制着后羿射日和伏羲女娲的故事，还有一件绘制着夸父逐日的故事。最著名的一件是彩绘二十八宿衣箱，衣箱盖中大书一个"斗"字代表北斗，环绕北斗写有二十八宿的全部名称，东西两侧分别绘制着青龙、白虎。这是迄今为止中国发现的二十八宿全部名称最早的文字实物记录。在此之前，关于二十八宿到底起源于中国还是印度一直没有定论。这件衣箱的发现，证明了中国在公元前5世纪已经出现了完整的二十八宿体系，并和北斗、青龙、白虎联系在一起，从而证明了二十八宿的确起源于中国。

考古人员在清理内棺的时候，在墓主人尸骨的周围，发现了大量的珠宝玉器，并且放置颇具规律，如玉梳放置在墓主人的头部，金、玉带钩和玉剑放置在墓主人的腰部等。头部的玉器或遮盖眼睛，或填塞耳鼻，小件的玉猪、羊、牛、鸡等塞于口中（即玉琀）。墓中共出玉琀21件，形制很小，但形象逼真，栩栩如生。除了少数玉石器物出自陪葬棺和椁室外，大部分的玉石器都出自墓主内棺之中。内棺中发现的玉璧达67件，可分为谷纹、云纹、素面、双龙和异形等5种。还发现了玉玦、玉环和玉璜，其中一件金缕玉璜最具特色，该玉璜由三道金丝连接大小两件玉璜组成。棺内也发现了数量不少的玉佩，包括单龙形佩、双龙形佩、凤形佩、虎形佩、鸟首形佩和鱼形

湖北省博物馆藏。
1978年湖北随县擂鼓墩一号曾侯乙墓出土。

金缕玉璜·战国

长11.8厘米，宽2.7厘米。青白色玉，局部有黄褐色沁。璜呈半璧形，由三道金丝连接大小两块玉璜组成。

金盏、金漏匕·战国

盏高11厘米，口径15.1厘米，盖径15.7厘米；匕长13厘米。

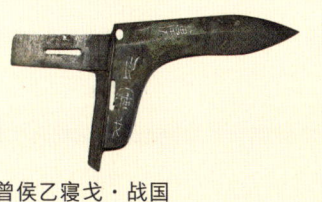

曾侯乙寝戈·战国

通长14.3厘米。在曾侯乙墓的主棺东侧，有1件形体很小的戈，刻有"曾侯乙之寝戈"六字错金铭文。

十六节龙凤玉佩·战国

长48厘米，宽8.3厘米。此器玲珑剔透，可以自由卷折，集分雕连接、透雕、平雕、阴刻等玉雕技艺于一器。

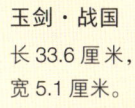

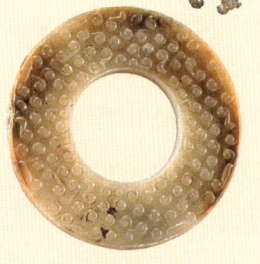

玉剑·战国

长33.6厘米，宽5.1厘米。

云纹玉璧·战国

曾侯乙墓共出土云纹玉璧5件，均保存完整，两面雕刻云纹。

《彩绘二十八宿图》木衣箱·战国

长71厘米、宽47厘米、通高40.5厘米。盖面当中朱书一个篆文"斗"字，环绕"斗"字，写有二十八宿的名称，字迹清楚。

佩，而最著名的就是出自墓主人腹部的四节龙凤玉佩和十六节龙凤玉佩。四节龙凤玉佩由一块玉料透雕成四节，可以活动折卷，玉佩共雕刻7条卷龙、4只凤鸟和4条蛇，布局严谨，造型美观，纹饰线条细如发丝，是这一时期罕见的玉雕精品。十六节龙凤玉佩出自墓主人下颌，作卷折状放置。玉佩呈长带形，共分十六节，各节大小不一，一般作一小节与一大节相间串连，整体为一龙形，各节上均透雕龙、凤或璧、环图案。整个玉佩共透雕、雕刻和阴刻出37条龙、7只凤和10条蛇。

曾国之谜和曾随一家

由墓中青铜器上的铭文我们得知，随州擂鼓墩大墓属于一位叫作"曾侯乙"的人。依照周代的称名习俗，"曾"是诸侯国名，"侯"为爵称，"乙"才是他的名字，"曾侯乙"就是一位名为乙的曾国国君。曾国不见于传世文献，可是出土的青铜器中却经常能看到它的身影，其历史晦暗成谜。这次在随州发现了曾侯的墓葬，立即吸引了学者们的目光。

历史学家李学勤先生在参观发掘现场后，在《光明日报》上发表了短文《曾国之谜》，首先提出他的看法。李先生根据战国中期楚王夫人曾姬制作的铜壶肯定曾国是一个姬姓诸侯。同时他还从曾国铜器的出土地点推测，曾"主要是在湖北北部的汉水以东，以新野为其北限"。文献记载，汉东、淮水一带有不少小诸侯国，如江、黄、邓、唐、厉等，它们多已在出土铜器铭文中找到。铜器出现最多，分布地域最广的曾国没有理

曾侯乙简

曾侯乙简·战国

湖北省博物馆藏。1978年湖北随县擂鼓墩一号曾侯乙墓出土。通长70～75厘米，通宽1厘米。曾侯乙墓共出土竹简240枚，是目前所见最早的简文书法。文字用墨书写，除有一枚简是两面书写外，其余皆写在竹片的内侧剖面。每枚竹简字数不等，最少的4字，最多的62字，共6696字。这些竹简详细记载了曾侯乙葬礼上使用的车马、兵器装备、车上配备的人员及其官职，并记录了参加葬礼的楚国贵族和他们带来的礼物，是了解当时葬礼仪式、车马兵器情况及曾楚两国关系的重要史料。

由不见于文献。李学勤先生认为曾国很可能便是《左传》里"汉东之国随为大"的姬姓随国，曾、随为一国二名的关系。

李先生的观点甫一提出，众多专家学者纷纷参与讨论。有的学者对李先生的观点表示赞同，并进一步补充论证。有学者提出，曾是文献中姒姓的缯国或鄫国，其领土与随相接。有学者认为，是随国灭亡了姒姓的曾国，改称为曾。有学者猜测，姒姓的曾国在春秋中期灭亡随国，据有随土。有学者以为，姒姓缯国大约在春秋早期偏晚灭亡，随国取代缯国自称为曾。还有学者提出，曾侯乙之国既非姒姓的缯国，也非姬姓的随国，而是楚国灭亡随国后分封于随地的楚国封君。各家观点，见仁见智。经过长时间的论战，曾、随一国二名的观点成为主流，但"曾国之谜"仍未能全面破解。

2011年以来，众多曾国的考古新发现陆续公布，令人目不暇接，为研究曾国的历史提供了丰富的资料。2011年上半年，在随州叶家山发现了西周曾侯墓地，这证明早在西周早期曾侯已在随州立国。所谓"曾灭随""随灭曾""随代曾""楚灭随而封曾"等假说已碍难成立。

2012年8月至2013年1月，考古工作者

1
2

1 曾侯谏盉·西周
湖北省博物馆藏。2013年湖北随州叶家山西周墓地M28出土。通高30厘米，口径13.6厘米。

2 曾侯谏作媿壶·西周
湖北省博物馆藏。2013年湖北随州叶家山西周墓地M28出土。通高46.5厘米，口径10.8厘米，腹径10.3厘米，足径12.8厘米。

发掘了随州文峰塔东周曾侯墓地，具体时代为春秋晚期至战国时期。M21曾孙邵墓中出土了一件铭有"随大司马嘉有之行戈"的青铜戈，这是第一件经科学考古发掘出土的随国铜器。在此之前，2011年曾有古文字学者刊文披露了私家收藏的随仲嬭加鼎，鼎铭中提到这件器物是"楚王媵随仲嬭加飤繇"，意为这是楚王因为嫁女于随国而制作的陪嫁媵器。随国铜器的出现并没有消弭学界的分歧，曾、随是一是二仍无定论。

2014年发表的《随州文峰塔M1（曾侯与墓）、M2发掘简报》中介绍了A、B、C三组曾侯与编钟。编钟铭文告诉我们，曾国的先祖为周初重臣南宫括（适），他先后辅佐了周文王与周武王两代国君，终结了殷商的天命，安定天下。周王派遣南宫括在江汉地区营建城邑，统治淮夷，监临江夏地区。曾国建立的历史大致廓清。

曾侯与编钟·战国

随州市博物馆藏。2009年湖北随州文峰塔墓地M1出土。通高112.6厘米。钟体为扁圆呈合瓦形，在钟体的钲部、两侧鼓部铸有阴刻铭文。铭文记述曾侯与先祖南宫括的历史功绩和曾侯助楚复国，永续友好的历史事件。于是楚王把此前占领的曾国疆土还给了曾国。这与《左传》记载的随侯保护楚昭王相吻合，从而为曾、随一国二名提供了重要证据。

2018年3月，考古工作者发掘了与文峰塔墓地同属义地岗墓群的枣树林墓地，这是一处春秋中期到春秋晚期的曾侯墓地。三组五座"甲"字形大墓的墓主分别是曾公求与其夫人渔、曾侯宝与其夫人嬭加、曾侯得。曾侯宝夫人墓内出土的铜缶铭文中再次出现了"楚王媵随仲嬭加"的字样。曾公求夫人渔墓中的铜簠铭文为"唐侯制随侯行簠，随侯其永祜福唐侯"。这些证据充分表明曾即为随，"曾国之谜"终于完全解开。

由曾侯乙墓的发现而引发的这场学术大争论，历经数十载，得益于源源不断的考古新发现，至此给出了基本令人信服的答案。

楚王赠钟和楚、曾交往

曾侯乙墓出土文物中，最引人注目的就是曾侯乙编钟。这套庞大的乐器包含铜木结构的曲尺形钟架一副、青铜钟65件、挂钟铜构件65副、T字形敲钟木槌6件、圆柱形撞钟长木棒2件。出土时，编钟悬于架上，演奏工具就搁置在旁，完全保持着当年下葬时的原貌。

按照铜钟形态，曾侯乙墓这65件青铜钟可以分为钮钟19件、甬钟45件和镈钟1件。钮钟和甬钟的口部都呈凹弧形，它们的区别主要在于钟的顶部，钮钟的顶部有一环钮，甬钟的顶部则是长柄。此种差异使它们的悬挂方式也有所不同，钮钟可以直接竖直悬挂，甬钟则要利用柄侧的环钮倾斜悬挂。镈钟的顶部多是环钮，另有作兽形钮者，但其口部平直，有别于钮钟。

曾侯乙编钟中的部分甬钟和钮钟

　　曾侯乙编钟皆有铭文，或是标注该钟所能击发出的乐音名称，或是论述乐律关系，只有那唯一的一件镈钟，铭文与音乐毫无关涉。其辞曰："唯王五十又六祀，返自西阳，楚王酓章作曾侯乙宗彝，奠之于西阳，其永持用享。"早在北宋时，今湖北省安陆市一带就曾发现过两件楚王酓章钟，文字与此基本相同。楚王酓章即楚惠王熊章，这段铭文的大意是：楚惠王五十六年（前433），从西阳归返，制作了曾侯乙宗庙所用的礼器，在西阳对他进行祭奠，永远以之祭享。

　　楚惠王为何会赠送一套钟、镈来祭祀曾侯乙呢？这就需要追溯一段其父楚昭王落难的往事。《左传》记载，自从楚昭王即位后，楚国便无岁不受吴国的军事侵扰。昭王十年（前506），吴王阖庐更是率领吴、蔡、唐三国联军大举伐楚。在孙武、伍子胥的指挥下，吴军迅速攻克楚国都城，楚昭王仓皇出走，逃亡到随国。吴人紧追而至，为索要楚昭王，对随国喊话道："周王朝在汉水一带的姬姓诸侯，都被楚灭国了，现在上天垂示其意，降罚于楚，随君却藏匿楚王。周王室有什么罪过？随君如果要报答周天子，延及于吴王，以顺应天意，这是随君的恩惠，汉水以东的土地将全部归随所有。"是时，楚王躲在随国公宫以北，吴军已进至公宫以南，情势万分危急。随君曾经考虑找人伪装成楚昭王，交给吴人，不过占卜不吉，

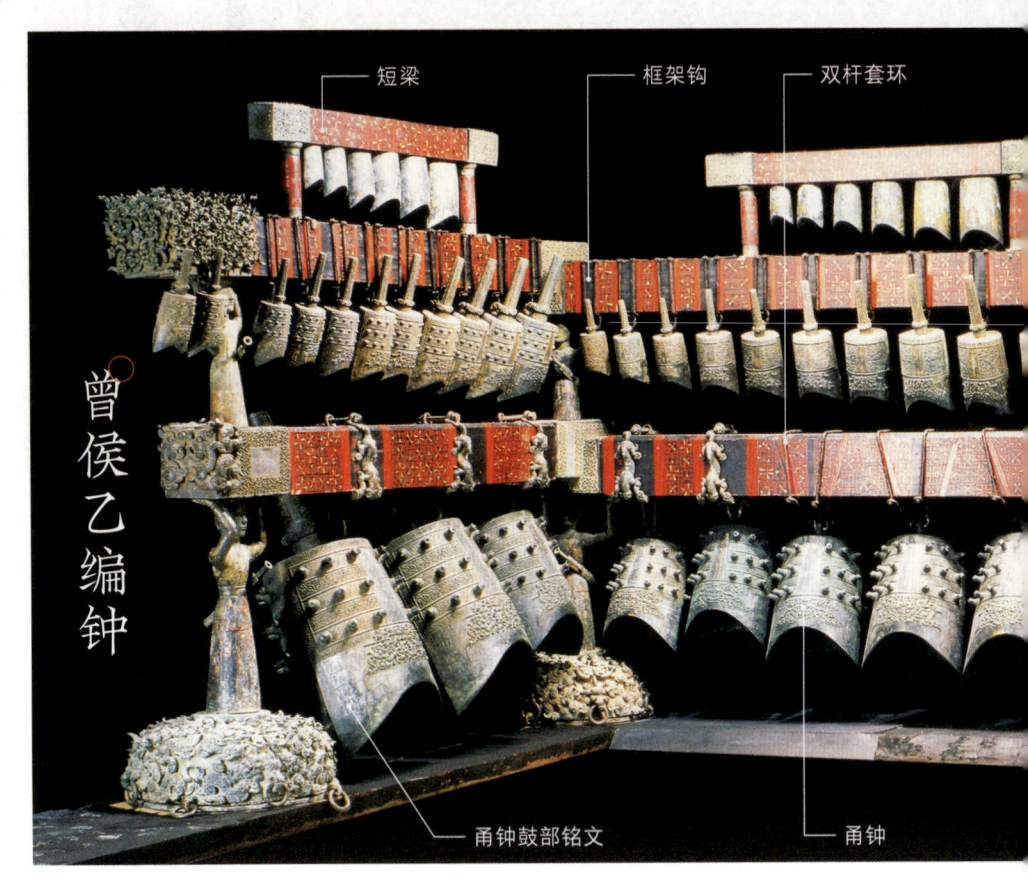

曾侯乙编钟

短梁　框架钩　双杆套环

甬钟鼓部铭文　甬钟

曾侯乙编钟·战国
湖北省博物馆藏。1978年湖北随县擂鼓墩一号曾侯乙墓出土。总重2567千克，长钟架长748厘米，高265厘米。短钟架长335厘米，高273厘米。

楚王酓章镈钟·战国
湖北省博物馆藏。1978年湖北随县擂鼓墩一号曾侯乙墓出土。通高92.5厘米、钮高26厘米。

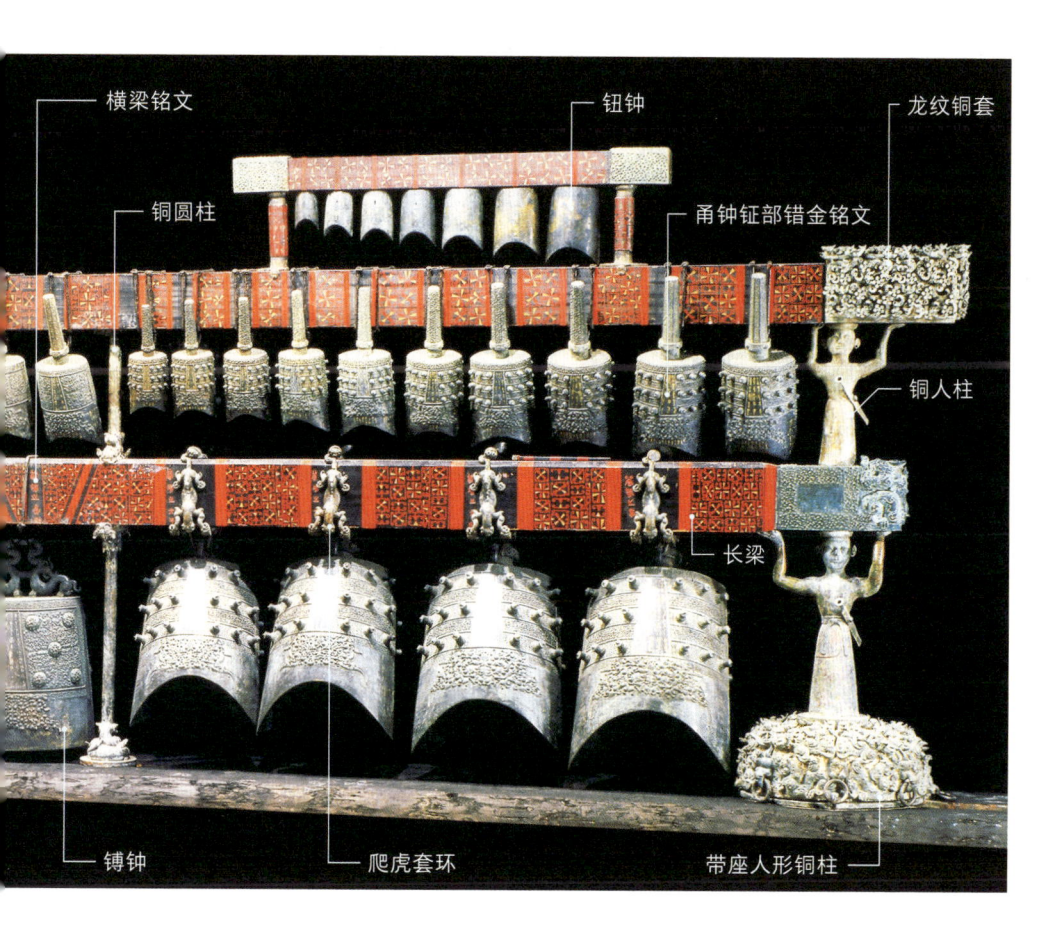

标注（上图）：
- 横梁铭文
- 钮钟
- 龙纹铜套
- 铜圆柱
- 甬钟钲部错金铭文
- 铜人柱
- 长梁
- 镈钟
- 爬虎套环
- 带座人形铜柱

曾侯乙编钟下层二组 8 号甬钟·战国

湖北省博物馆藏。1978 年湖北随县擂鼓墩一号曾侯乙墓出土。通高 134.2 厘米，甬长 60 厘米。钟体为合瓦形，上宽下窄，上部有长甬。钟体表面及甬部铸有繁缛的纹饰，为龙凤图案，精彩绮丽。鼓部有长枚。该钟钲间和左右鼓部皆有错金铭文。

遂作罢。随君于是回应吴国说："以随国偏僻狭小而又与楚密迩，确实是楚国保存了我们。随、楚两国累世相盟，到现在也没有改变。如果有了危难就抛弃楚国，又怎么能侍奉吴王呢？况且执事所忧虑的并不仅在楚王一个人身上，若能对楚国境内加以安抚，随国岂敢不听从吴王的号令？"可能是吴人觉得此言有理，就退军了。后来，楚王借秦国之师打退吴军，最终恢复了楚国。

曾侯乙编磬支柱·战国

前段时间新发现的曾侯与编钟铭文亦提及，吴国倚仗自己国力强盛，大举攻楚，楚国遭受重创，天命堪忧。威严神武的曾侯，亲自布施武功，楚国的天命得以宁靖，重新安定了楚王。学者们认定，此编钟铭文与《左传》所记乃是同一件事。正是因为曾国在楚国危亡之际及时伸出援手，保全了楚昭王，楚惠王不忘其恩德，才在曾侯乙去世后专门铸造这套宏伟的编钟来祭享他。

楚王的馈赠使曾侯乙的葬礼更加风光，宋国也前来参与会葬，楚国自王以下都致送了车马等助丧之物。因此，曾侯乙编钟不仅是一套珍贵的战国乐器，更是反映这一时期外交风云的历史见证物。

埋藏地下的音乐殿堂

除却那套大型编钟，曾侯乙墓中还出土有编磬、鼓、琴、瑟、笙、排箫和篪七种乐器，整个大墓犹如一个埋藏在地下的音乐殿堂。

曾侯乙墓早年被盗，虽然没有成功窃取墓内文物，但造成截断的墓椁盖板及填充墓葬的泥土、石块进入墓室，正好砸中编磬，致使磬架一根横梁折断，多数磬块受损。这些磬块长期泡在水中，溶蚀严重，有的已近粉末状，完整的只有几件。值得庆幸的是，因为有淤泥的支撑，全架编磬仍然保持着原来的结构形式，磬块也还保持着当年的悬挂方式和排列关系，为编磬的复原提供了重要依据。

这套编磬由一副错金青铜磬架、32片石磬、32副铜挂钩，2件木质磬槌和3具木磬匣组成。磬架由一对怪兽造型的立柱和两根圆杆横梁榫卯结合而成，呈单面双层结构。两只怪兽为圆雕，对称，其形象集龙首、鹤颈、鸟身、鳖足于一体，极富巧思。磬块多由石灰岩磨制而成，少数材质为大理岩，它们形制相同，均上呈倨屈，下作微弧上收，大小厚薄各有不同。磬匣为长方体，用整木斫成，通体髹黑漆，顶盖刻有文字，填饰朱漆。匣盖内开凿磬槽，槽头刻有编号。三具磬匣共可容纳41片石磬，与出土实物有差。发掘者推测，可能另有9片备用磬，并未一同下葬。

曾侯乙墓中出土建鼓、悬鼓、手鼓、扁鼓各一，均为木腔双面皮鼓。鼓皮已朽烂，唯余木制腔体。建鼓，也叫作植鼓，是用一根木柱直贯鼓身，树于鼓座之上。曾侯乙建鼓的鼓座系青铜铸造，圆锥形，由底座、承插木柱的圆管和纠结穿绕的圆雕群龙构成。它的铸造采用了分铸、铸接、焊接相结合的方湖北省博物馆藏。1978年湖北随县擂鼓墩一号曾侯乙墓出土的乐器。

1	2		
3	4		
5	6		
7	8		

1 曾侯乙编磬·战国
磬架高109厘米,长215厘米。

2 鹿角铜鹤·战国
通高143.5厘米。

3 建鼓座·战国
通高54厘米,底径80厘米。

4 彩漆竹篪·战国
长分别为29.3厘米与30.2厘米。

5 彩漆排箫·战国
长22.5厘米,上宽11.7厘米,下宽0.85厘米。

6 素漆十弦琴·战国
长67厘米,宽19厘米,高11.4厘米。

7 彩绘漆瑟·战国
通长167.3厘米,高14厘米。

8 彩漆笙·战国
笙斗通长22厘米,腹部围长29.5厘米。

法，工艺复杂。悬鼓的鼓腔中部有三个铺首铜环，三环中有两个横置，一个竖置，用以悬挂此鼓。墓室内出土的一件铜制鹿角立鹤有可能就是悬鼓之架。手鼓形体较小，鼓腔中腰装有木柄，应是一手持柄，一手敲击演奏。扁鼓形圆体扁，中部稍有鼓起，因其鼓腔不能完全复原，它的演奏方式目前仍不明确。

琴与瑟是中国最为古老的两种弹拨乐器，相传是三皇之一的伏羲氏所发明。《诗经》首篇的《关雎》即云："窈窕淑女，琴瑟友之。"《鄘风·定之方中》曰："树之榛栗，椅桐梓漆，爰伐琴瑟。"《郑风·女曰鸡鸣》谓："琴瑟在御，莫不静好。"《小雅·鹿鸣》言："我有嘉宾，鼓瑟鼓琴……"《诗经》中有关琴、瑟的诗篇还有很多，它们流行的程度可见一斑。因为琴、瑟属于木器，容易腐烂，所以考古出土的早期的实物十分有限。曾侯乙墓墓坑和棺椁内满是积水，这对竹木质的遗物起到了一定的保护作用，故其中的十弦琴和12件古瑟保存状况良好。

十弦琴是至今所见时代最早的古琴，长67厘米，用整木雕成，髹黑漆，出土时光泽亮丽。12件古瑟中有一件由多块木板拼接而成，既无雕饰，也无彩绘，只是未完工的瑟坯；一件系半雕半拼构成，制作不精，装饰简单，疑为残次品或备用品；其余10件以整木雕成，形制基本相同，尾部浮雕兽面纹，兽面纹上又浮雕着大小不等的龙、蛇躯体，通体漆朱绘彩。曾侯乙墓发掘报告中还提到一件"五弦琴"，经学者考证，那实际上是一种古代的声学仪器，用以为编钟调律定音，应是文献中的"均钟"。

笙在曾侯乙墓中出土有6件，形制与现今的葫芦笙近似，由匏质笙斗、芦竹竿笙管、芦竹质的簧组成，簧嵌于笙管底部，笙管插于笙斗之上。各器规格不尽一致，有十二管、十四管、十八管之别。2件曾侯乙排箫形制相同，大小略异，均由13根长短不同的苦竹竿箫管依次排列缠缚而成。刚出土时，其中一件排箫还有8根箫管能吹奏出乐音。篪是一种早已失传的横吹管乐器，以前人们只知道它似笛非笛。曾侯乙墓中发现有2件篪，通过研究实物得知，篪的吹孔与指孔不在同一平面，演奏时掌心向里，不像吹笛那样掌心向下。

曾侯乙墓中大量乐器的发现，让今人得以深入了解周代的礼乐制度，使一批失传已久的民族乐器重放光彩，展示了古代人民高度的智慧。

神秘的地下王国

从兴建开始，位于陕西省西安市临潼区骊山北麓的秦始皇陵就在不断地创造着属于它的传奇。它是中国历史上第一位皇帝的陵墓，规模之宏大，内涵之丰富，至今仍未探究清楚；20世纪70年代，兵马俑被发现，震惊世界，后被誉为"世界第八大奇迹"；80年代，秦始皇陵（及兵马俑）成为中国第一批"世界遗产"，当之无愧；此后，兵马俑的继续发掘，铜车马、陪葬坑、石铠甲坑、百戏俑、文官俑、青铜水禽坑等的持续发现，揭开了秦始皇陵一层又一层神秘的面纱。人们惊奇地发现，秦始皇陵与其说是一座陵墓，还不如说是秦帝国在另一个世界的翻版，是一座由秦始皇统治的地下王国。

秦始皇陵
及兵马俑坑

地下军团"再现人间"

1974年3月,陕西省临潼县骊山北麓的西杨村,村民们愁容不展。刚刚过去的冬天异常干冷,开春的麦苗没有得到充分灌溉,长势堪忧。不得已,在两位生产队长杨培彦、杨文学的带领下,村民杨志发、杨新满等人在村南选中了一片石头滩,准备打井取水。那里长满了柿子树和石榴树,或许更容易出水。然而,出水的难度超出了村民们的想象,打了5米深,水没见着,只有一些陶俑的残肢、青铜箭镞等关中地区常见的"杂物"被挖了出来。大多数村民没把这些东西当回事,但谁能想到,正是这些"杂物",揭开了千古第一帝陵的第一层面纱。

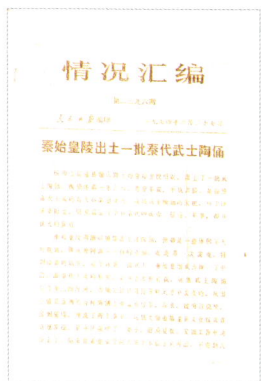

1 青铜箭镞·秦

秦始皇帝陵博物院藏。1974—1984年陕西临潼秦始皇陵兵马俑坑出土。在兵马俑的考古发掘中，累计出土成束的箭镞280束，零散的箭镞10896支。

2 《情况汇编》刊登的《秦始皇陵出土一批秦代武士陶俑》一文

正是蔺安稳先生这篇不足六百字的文章，将兵马俑呈现在了党和国家领导人的面前，从而拉开了秦始皇陵兵马俑考古发掘的序幕。

当然，深埋在地下两千多年，经历了无数的改朝换代、沧海桑田，秦始皇陵"再现人间"哪能如此简单！

临潼县晏寨公社的水保员房树民、县文化馆的工作人员赵康民、新华通讯社记者蔺安稳为秦始皇陵"再现人间"做出了贡献。房树民凭着少许文物知识，将"杂物"出土的情况通报给了文化馆；赵康民负责发掘并修复陶俑；到了6月，回临潼度假的蔺安稳撰写了《秦始皇陵出土一批秦代武士陶俑》一文，刊登在6月27日《人民日报》内刊《情况汇编》上，引起了毛泽东、周恩来等党和国家领导人的重视。7月，陕西省文物管理委员会牵头组成"秦俑坑考古队"，正式开始兵马俑坑的发掘，这也是秦始皇陵区发掘的开始。

从1974年至今，兵马俑坑总共发现四个，编为一、二、三、四号。其中，四号坑经发掘证实已经废弃，推测可能是秦始皇去世十分突然，或秦末农民战争形势严峻等原因，原计划的四号坑兵马俑军阵没来得及烧制，俑坑也来不及建造。

那么，到底兵马俑是什么样的呢？它有什么用？它与秦始皇陵又有什么关系？或许，我们可以凭借史料和考古发现，将历史的指针回

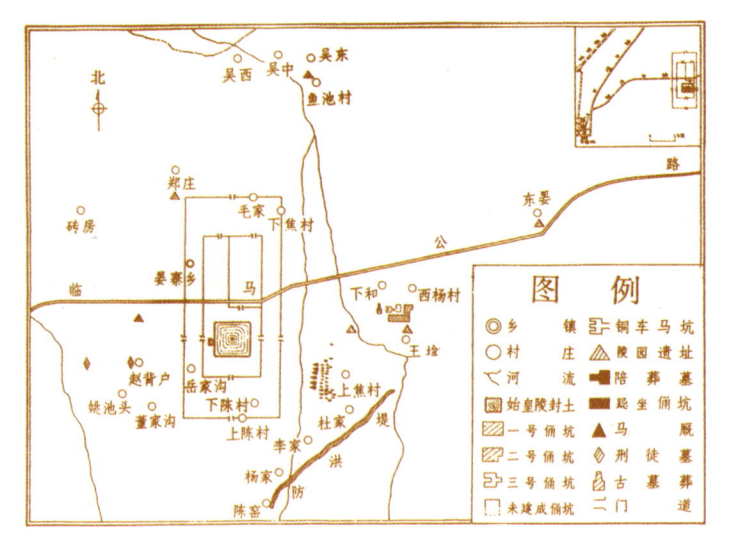

秦始皇陵园地理位置示意图

秦始皇陵是中国第一个皇帝的陵墓,位于陕西西安东 35 千米处,坐落在西安市临潼区晏寨乡。陵墓南倚骊山,北临渭水。秦始皇陵陵区范围东西与南北边长各约 7.5 千米,占地约 60 平方千米,其规模堪称中国古代帝陵之冠。秦始皇陵陵区包括陵园、陵墓、陵寝建筑、陵邑、陪葬坑、陪葬墓、殉葬墓、修陵人墓及与秦始皇陵相关的防洪堤遗址等。

拨到两千年前秦帝国的时代,返观兵马俑的建设过程。

前 247 年,秦王嬴政即位,可能同时开始给自己修建陵墓。前 221 年,秦国一统天下,嬴政达成了亘古未有的伟业,不仅自称始皇帝,还可能重新设计了自己的陵墓,陵墓规模扩大了,各种陪葬也增加了,而兵马俑军阵正是其中一项至关重要的内容,足以显示秦始皇囊括四海、包举宇内的威慑力。经过深入的思考,秦始皇将兵马俑军阵的位置定在了陵园东城墙以东约 1200 米的位置，初步设计了四个军阵，意图将秦军横扫天下的威武军容展示出来。这样做的目的很明显，因为被这支强大军队击溃的六国正是位于秦国的东方。或许在另外一个世界，秦始皇仍需统率这支强军压制曾经的对手。

选址之后，秦始皇下令挖掘俑坑。他命人在选定地点挖掘了四个大坑，一下三上，深度大约 5 米。位居南面的俑坑就是今天的一号坑，整体呈长方形。在一号坑北面，从西到东并排着三号、四号、二号三个俑坑，其中，三号坑与一号坑的西部边界、二号坑与一号坑的东部边界分别对齐，四号坑居中。

一、二、三号兵马俑坑位置示意图

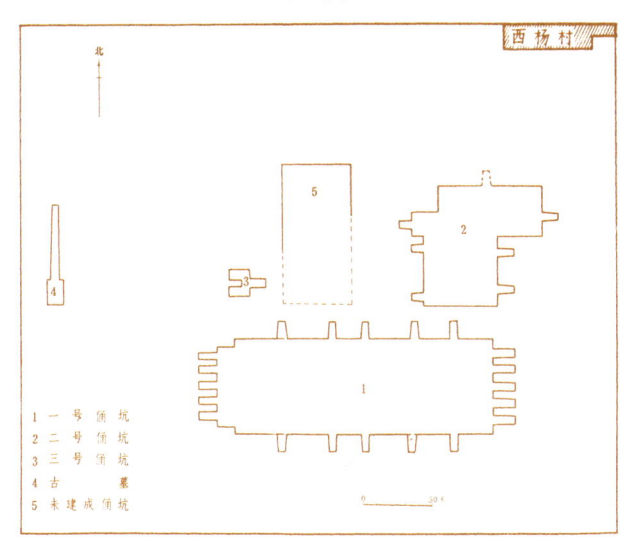

1 一号俑坑
2 二号俑坑
3 三号俑坑
4 古墓
5 未建成俑坑

接着，秦始皇下令在俑坑中铺设条砖，形成坚实平整的地面。又在俑坑内筑起一道道纵向的"隔墙"，"隔墙"之间的"过洞"用于排列兵马俑。为了使得这个地下军阵能够长久保存，俑坑的墙壁及中间那些"隔墙"都加立了排列整齐的壁柱，这些壁柱与坑深相等。将来一旦所有兵马俑都安置下去，便在壁柱上铺设棚木，棚木上叠铺席子，席子上再覆盖细泥和黄土。到这里，兵马俑军阵的设置才算完成。

兵马俑是陶器，为此，秦始皇下令从全国各地征调陶工。这些工匠在制作兵马俑的时候要遵循严格的规定，目的当然是保证成品的质量，比如"物勒工名"就是其中一项，所有工匠在制作过程中必须要在成品上刻下自己的名字，一旦成品出了问题，立刻就能追究到直接责任人。陶俑的大小也有规定，必须比照真人的比例，这样一来，陶俑便很难像陶盆、陶碗等小型陶器那样整体烧制。工匠们采用的是逐步叠塑的方法：先将足踏板和双足烧制成形，然后依次叠塑腿和躯干，双臂、头和双手则单独烧制，再套合到躯干上。正是在这样严格的规定之下，这些来自全国各地的工匠精诚合作，几乎是原样复制出了秦帝国那支横扫天下的军队原貌。工匠们没想到，他们集体创造的智慧结晶在两千年后被称为"世界第八大奇迹"，在古今中外雕塑艺

兵马俑坑隔墙
兵马俑坑的隔墙系用黄土夯筑，土质纯净，有的隔墙夯层比较明显，有的则不清晰。目前发掘的隔墙有不同程度的下坐坍塌，形成上小下大两侧呈缓坡的梯形。隔墙两侧原来竖立的木柱仅存炭迹或柱洞。隔墙上部原来搭盖的棚木仅存木槽，有的木槽内遗有炭迹。

术史上均无先例。

在这里，秦始皇还必须要考虑一个问题：如何搭配兵种，才能更全面地展示出强大的秦军？

一号坑面积最大，约14260平方米，秦始皇下令用来安置自己的主力部队。为此，他下令烧制了6000件左右的陶俑、陶马，排列在一号坑的11个"过洞"之中，形成了一个准备攻向东方的军事方阵：东西端各有三列南北向且面朝东的步兵俑；南北端各有两列步兵俑，北面外侧的朝北，南面外侧的朝南。这四列步兵俑应该是整个军阵的外围部队，主要配备弓弩，是战场上首先对敌军发动进攻的远程部队，也能起到护卫侧翼的作用。在这四列步兵俑环绕之中的就是38列纵队同战车的组合，一律面向东方，正是秦军的主力部队。主力部队配备的是戈、矛、戟、铍等近距离作战兵器。自战国中期赵武灵王"胡服骑射"的改革以后，骑兵部队逐渐进入各国的军队序

御手俑和车士俑·秦

秦始皇帝陵博物院藏。1974—1984年陕西临潼秦始皇陵兵马俑二号坑出土。根据考古发掘情况可知，二号坑出土的陶质战车都配有车士俑2~3件。车士并没有站在车上，而是在车后排列。

列之中，甚至在长平之战等一些大型战争中还起到过关键作用，但秦始皇心里明白，步兵（按一定比例配置战车）仍旧是秦帝国一统天下的主力。

至于二号坑，秦始皇下令挖掘了一个向东、向南延伸的曲尺形，约6000平方米，意图在这里全面展现秦军丰富多样的兵种组合军阵。他在向东延伸的区域安排了弩兵军阵，共332尊武士俑，包含蹲姿、立姿射俑及2尊军官俑；弩兵军阵身后是战车军阵，8行8列共64乘，每乘战车配备御者和手持长兵护卫的车左、车右共3名士兵；战车军阵

兵马俑一号坑全景图
一号俑坑呈东西向的长方形，方向南偏东83度，长230米、宽62米，坑口距现地表0.3～1.5米，坑底距现地表4.5～6.5米，面积为14260平方米。

以南是车步混合军阵，共 19 乘战车，每乘战车配备数量不等的步兵俑，以 8 个骑兵殿后；最南端是骑兵军阵，共 108 个骑兵俑，且有 6 乘前导战车。这个安排很让秦始皇满意，因为秦军中的弩兵、战车、车步混合和骑兵四个成熟的兵种全面地展示出来，这才是那支一统天下的秦军的原貌啊！

秦始皇善于用人，尤其善于任用统兵大将，为此，他还下令专门为这支军队准备了一个指挥机构，这就是后来的三号坑。三号坑面积约 520 平方米，整体呈向西开的"凹"字形。这个俑坑面积虽小，结构却很齐全。由于形似朝西的"凹"字形，俑坑便分成了三部分，北侧是军祭之所，象征着出征前后

高级铠甲军吏俑·秦

秦始皇帝陵博物院藏。1974—1984年陕西临潼秦始皇陵兵马俑一号坑出土。该俑头戴鹖冠,身穿双层长襦,外着披膊鱼鳞铠甲。铠甲周围有宽边,铠甲延伸到腰部以下,下摆呈"V"字形。背后、胸前、双肩皆有花结。下着两节护腿,足蹬方口翘尖履,是兵马俑中高级军吏的形象。

中级军吏俑·秦

秦始皇帝陵博物院藏。1974—1984年陕西临潼秦始皇陵兵马俑一号坑出土。中级军吏俑的主要特征是身穿长襦,外披带彩色花边的前胸甲、无背甲,下穿长裤,足登翘尖履,头梳扁髻;或穿前后摆平齐的带彩色花边的鱼鳞甲。冠饰有单板和双板长冠。佩带剑等兵器,是秦军队中级指挥员的形象。

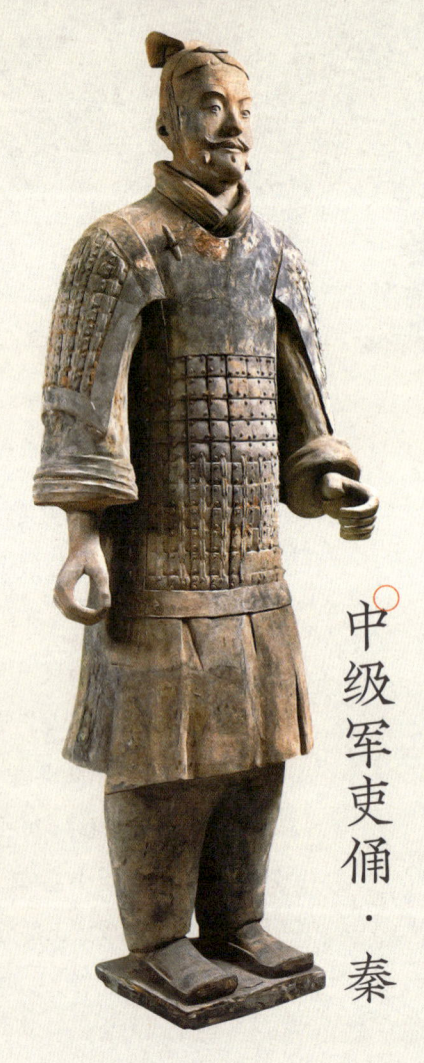

二号坑驷马俑·秦

秦始皇帝陵博物院藏。1974—1984年陕西临潼秦始皇陵兵马俑二号坑出土。秦马的塑造似以秦宫厩苑内的马作为模特。

的军事礼仪举行地；南侧空间较大，类似于军事会议室；居中是"凹"字形底部，位于俑坑的东方，存放着一辆驷马的战车，这是统帅的指挥车。在这个俑坑，秦始皇安排了68个兵俑，除了4个跟随指挥车之外，其余64个分布在南北两侧，全部靠墙站立，且手中所执的兵器是礼仪性很强的殳，他们是统帅的护卫。

或许在秦始皇心里，今天已经废弃的四号坑还有其他的安排，但仅就一、二、三号坑而言，全军统帅和指挥机构有了，作为主力的步兵军阵有了，弩兵、战车兵、步兵、骑兵的混合军阵也有了，所有兵马一律按照真人大小烧制而成。他们的阵容、武器、装束，乃至栩栩如生的面部表情，几乎将那支威武雄壮的秦军毫无保留地展示了出来，这就是秦始皇陵这个地下王国的最大保障啊！

埋藏地下的大秦帝国的翻版

兵马俑是秦始皇陵发掘的开始,也是目前为止秦始皇陵最大的发现,但整个秦始皇陵区的勘测和发掘远不止于此。新的发掘不断地揭开旧的谜团,又提供了新的认识,给这座地下宝藏增添了无穷的魅力。

两千年前,历史学家司马迁就在《史记》中写下了一段对秦始皇陵的描述:"始皇初即位,穿治郦山,及并天下,天下徒送诣七十余万人,穿三泉,下铜而致椁,宫观百官奇器珍怪徙臧满之。令匠作机弩矢,有所穿近者辄射之。以水银为百川江河大海,机相灌输,上具天文,下具地理。以人鱼膏为烛,度不灭者久之。二世曰:'先帝后宫非有子者,出焉不宜。'皆令从死,死者甚众。葬既已下,或言工匠为机,臧皆知之,臧重即泄。大事毕,已臧,闭中羡,下外羡门,尽闭工匠臧者,无复出者。"如今,这段话中的多处描述已为考古发掘所证实。

秦始皇陵就在骊山区域。1974年以来的40多年考古发掘证实,秦始皇陵北至新丰塬,南靠骊山,西与临潼城区相接,东已到代王街,总面积约60平方千米,相当于83个故宫大小。陵区附近有五砂厂、赵背户村、姚池头村等多处修陵人墓地,或许就是那"七十万人"的一部分。

1976年，陵东发现陪葬坑，为5男2女。经清理证实，这7人可能是在寒冷季节同时下葬，年龄均在二三十岁，陪葬品较为丰富。他们显然不是一般人，或许就是秦二世继位之后杀掉的自己的兄弟姐妹，给秦始皇陪葬的公子王孙。

　　1976年，在外城以东发现100多座马厩坑，埋葬有真马和陶马。马厩坑中瓦片上"中厩、大厩、左厩、右厩"等文字可能表示不同的养马机构，它们可能象征着秦帝国专门为皇宫养马的那些机构。1977年，陵西内外城之间发现珍禽异兽坑，所发现的动物骨骼可能就是秦始皇宫廷园囿中饲养的珍禽异兽，其中的跽坐俑可能就是饲养人员。

　　1980年，封土西侧发现铜车马坑，出土了两辆铜车马。铜车马是中国考古史上年代最早、体形最大、保存最完整的青铜车马。这组铜车马按出土时的前后顺序编为一号车和二号车，是按照皇帝御用车队中属车的形制缩小二分之一做成的。铜车马一号车，名"立车"，又叫"戎车""高车"，通长225厘米，从车舆后缘至车伞后缘水平距离为32厘米，高152厘米。双轮单辕。

"少府"银蟾蜍·秦
秦始皇帝陵博物院藏。1977年陕西临潼秦始皇陵外城东上焦村西侧殉葬墓出土。银蟾蜍口腔内侧刻"少府"二字，字体为小篆。

陶跽坐俑·秦
中国国家博物馆藏。1976年陕西临潼秦始皇陵陵区出土。此俑作跽坐状，头绾圆形发髻垂于脑后，身穿交领右衽长襦，腰束带，双手半握拳分别置于膝上。

辕的前端接衡，衡上置双轭。驾四马，两骖两服。车舆平面为横长方形，宽74厘米，进深48.5厘米，舆的前、左、右三面立栏板，前栏板顶端有轼，后面辟车门。舆内立十字形伞座。座上插一长柄铜伞，铜御官站立在车舆内，伞盖正好笼罩了整个车舆和御官俑。舆内装备了铜弩、铜镞、铜盾，另有带盖铜方壶和四折铜页等伴随出土。二号铜车马由四马、一车和一御官俑组成。通长328.4厘米，高104.2厘米，总重量达到了1200多千克。车为单辕双轮，车舆呈凸形，分为前后两室。前室为御官所坐，后室为主人的席位。车舆上有容盖。舆两边有窗，后面有门。车前四马，马饰挽具齐全，并以金银装饰。马缰前段136.4厘米这一段，由99节金银管组成。两骖马的项圈，右金银管焊接而成。马当卢为金质，马镳为银质。车马上共有740件金质器物，817件银质器物。四马项下有铜丝制成的璎珞，即繁缨。右骖马头上额顶立一个装缨的铜杆，即为左纛。同时出土的还有赶马用的竹节状铜策一件、止车用的铜轫两件，以及铜方壶、铜镞、铁锸和铜钵等。

1
2

1 铜御官俑·秦
秦始皇帝陵博物院藏。1980年陕西临潼秦始皇陵铜车马坑出土。俑高51厘米。头戴冠，着右衽交襟长袍，腰间束带，带左侧佩一扁茎圆首剑。御官俑面部丰满，双眉弯曲，二目前视，蓄稀疏的髭须，两臂前伸，手半握拳，手中持辔。

2 彩绘铜盾·秦
秦始皇帝陵博物院藏。1980年陕西临潼秦始皇陵铜车马坑出土。通高36.2厘米，上宽4.4厘米，下宽24厘米。

铜车马一号车·秦

秦始皇帝陵博物院藏。1980年陕西临潼秦始皇陵铜车马坑出土。出土时，一号车马居前，二号车马在后，这表明一号车是从属于二号车的前导车。

铜车马二号车·秦

秦始皇帝陵博物院藏。1980年陕西临潼秦始皇陵铜车马坑出土。二号车的辔绳末端有朱书文字"安车第一"，可知此车即文献记载中的"安车"。

1981年，内外西城之间发现了丽山飤官建筑遗址。飤官建筑遗址面积约为3.6万平方米，遗址上的建筑整体被大火焚烧，已经无法了解其全貌。考古人员从该遗址出土的砖瓦和陶瓷器皿上，发现了多达258组刻划和戳印的文字，其中就有"丽山飤官"的字样。飤官是秦代掌管膳食的官署，丽山飤官应是掌管秦始皇陵园祭祀的官署。丽山飤官遗址除出土大量的板瓦、筒瓦、瓦当和砖石之外，还有大量的陶罐、瓷壶、铜朱雀灯残件等。其实早在1976年，该遗址就发现了著名的秦乐府钟。这些珍贵的文物，为后人生动呈现了秦始皇陵园内极具生活气息的膳食祭祀、钟鸣鼎食的场景。

1999年，东南部内外城之间发现百戏俑坑。百戏俑坑位于秦始皇帝陵封土东南部内外城垣之间，该坑东西长40米，西端宽16米，东端宽12.3米，内有两条东西向的夯土隔梁，三个东西向的过洞。两端门道长20.8米，宽7.6～11.4米。坑距现地表约5米，面积约700平方米，为地下坑道式土木结构建筑，经火焚坍塌。百戏俑坑试掘出土1件青铜鼎和11件陶俑。这些陶俑上体裸露，下着彩色短裙，与真人一般大小，姿态各异，是秦陵出土陶俑的新类型。根据这些陶俑的姿态，此坑暂定名为"百戏俑坑"。

1
2

1 乐府钟·秦
秦始皇帝陵博物院藏。1976年陕西临潼秦始皇帝陵园西侧内外城垣间的飤官遗址出土。乐府钟证明秦代已经设有乐府机构。

2 百戏俑·秦
秦始皇帝陵博物院藏。1999年陕西临潼秦始皇帝陵园百戏俑坑遗址出土。通高157厘米。陶俑通体彩绘。

文官俑·秦

秦始皇帝陵博物院藏。2000年陕西临潼秦始皇帝陵园文官俑坑遗址出土。文官俑头戴长冠，身穿长襦，右侧腰带上悬挂着帖塑的削和砥石，袖手而立。

2000年，内城西南部发现文官俑坑。文官俑坑位于秦始皇帝陵园内城以内、陵墓封土的西南角，东西向，是略呈"中"字的地下坑道式全木结构建筑，总面积约410平方米，由斜坡门道、前室和后室三部分组成。前室、后室东西错位，形成两个拥有不同埋藏物的相对独立单元，前室主要埋藏陶俑，后室埋藏马骨。此坑是秦始皇帝陵园中少见的未被焚烧过的陪葬坑，因而木结构遗迹较为完整，经清理发现有棚木、厢板、铺地木、封门木等。前室内出土陶俑12件，可分为袖手俑和御手俑两类，出土时陶俑已残破为碎块，与一号兵马俑坑出土的武士俑相比，较显文弱，上身穿单层或双层交领右衽齐膝长襦，腰束革带，下着长裤，足蹬齐头方口浅履。陶俑身上原有红、绿、黑、粉、白色等彩绘，因地下水侵蚀及坑体倒塌，出土时仅面部保留较多彩色残迹。这12件陶俑头戴长冠，拥有一定的爵位。

2000年，陵园东北部发现青铜水禽坑。在这座陪葬坑的Ⅰ区和Ⅲ区，共出土青铜水禽46件，其中仙鹤6件、天鹅20件、鸿雁20件。这些青铜水禽整齐规律地分布在象征河岸的两边台地上，头部朝向中间象征水池的凹槽，有的怡然嬉戏，有的低头觅食，展现的都是动态过程中的瞬间姿态，真实地表现了水禽类动物栖水而居的生活状态。出土的青铜水禽中，编号为 26 号的青铜鹤最为精美。它体型高大，身高 77.5 厘米，体长 125 厘米。造型逼真，姿态优雅，栩栩如生。只见它迈着轻盈的长腿，站在对角镂空的云纹踏板上，长颈弯曲下伸，作专注觅食的状态，从它嘴里叼着的小虫看，本次觅食已经成功。秦代工匠通过"寓动于静"的手法，截取动物觅食的瞬间姿态，令人们看到了一只悠哉漫步、寻找美食的美丽仙鹤。在陪葬坑的Ⅱ区，出土大型陶俑 15 件，其中跪姿俑 7 件，箕踞姿俑 8 件。最具代表性的是一件箕踞俑，箕踞俑头戴软帽，身着右衽长襦，腰系革带，右腰际挂一长条形囊，下着长裤，脚穿无纹布袜。双腿向前伸直呈簸箕状平坐于地，上体微微前倾，背部形成自然弯曲状；双臂前伸搭于双膝，双手微握，左手掌心朝上，右手朝下，手中好像持有或托着某物件，与陶俑同区域出土的骨质、青铜和银质小件器物应当是陶俑手中所持物件的饰品，或是手中的道具，这些似乎与乐器中的击筑、鼓瑟、掐筝等有关，由此推测陶俑可能执掌一定的乐器，通过音乐来驯化水禽。

地宫中的确含有大量水银。1981 年，经地质部科学探测，地宫土层汞含量异常。2002—2003 年，在科技部的统筹之下，研究人员采用遥感和地球物理探测技术对秦始皇陵及地宫进行了无损勘查，再次证实封土堆中的汞含量异常得高，极有可能就是"百川江河大海"中的水银挥发所致。

随着不断的考古发掘，秦始皇陵开始越来越多地呈现出自己的本来面貌，一个尘封在地下两千多年的帝国渐渐浮出了水面：地宫是秦始皇陵的中心，象征着秦始皇居住和处理帝国政务的宫廷；地宫中"上具天文"，象征着帝国的星空，"下具地理"，象征着帝国的版图，合起来就是缩微版的秦帝国；陵区内陪葬着庞大的兵马俑军阵，象征着为帝国征伐四方的无敌军队；陪葬着为皇帝出行而准备的铜车马；陪葬着为满足皇帝骑马、饮食、视听娱乐等需要的各种机构；陪葬着辅佐皇帝处理帝国政务的各级文官俑……这一切都围绕着秦始皇本人而设，分明就是秦帝国在另外一个世界的翻版！

青铜鹤·秦

秦始皇帝陵博物院藏。2000 年陕西临潼秦始皇帝陵园青铜水禽坑遗址出土。高 77.5 厘米，长 125 厘米。

箕踞姿俑·秦

秦始皇帝陵博物院藏。2000 年陕西临潼秦始皇帝陵园青铜水禽坑遗址出土。通高 86.5 厘米，肩宽 35 厘米。脸部残留有少量白色彩绘，身体微向前倾。

大秦帝国的军人和武器装备

兵马俑坑出土的陶俑，不但数量众多，而且种类亦较复杂。根据估算，秦始皇陵兵马俑坑中的兵俑数量将近7000件，陶马超过1000匹。以兵种作为分类的依据，即分为车兵和步兵俑两大类。这两类俑依其职位高低的不同，又可分为军吏俑和一般步卒俑。根据形态又分为车兵俑、立射俑、跪射俑、武士俑、军吏俑、骑兵俑、驭手俑、车马俑、鞍马俑等。

兵马俑坑不仅是一个庞大的地下军阵，同时也是一座巨大的秦代武器库。虽然俑坑目前只发掘清理了一部分，但已出土了秦代兵器十多种，达数万件，分为长兵器、短兵器和远射兵器三大类。长兵器有矛、戟、戈、殳、铍、钺，短兵器有剑、吴钩，远射兵器有弓、弩。尤其是铍、吴钩的出土为古代兵器考古史上所罕见。

彩绘跪射俑

陕西历史博物馆藏。1990年陕西临潼秦始皇陵兵马俑二号坑出土。俑的脸、颈部均为黄绿色，双耳为浅绿色，头发、发髻为赭石色，发带为朱红色，眉毛、胡须为黑色，眼睛黑白分明，表情自然而神气。

1	2	3	4	5
6	7	8	9	10

1 铠甲军吏俑

秦始皇帝陵博物院藏。1974—1984 年陕西临潼秦始皇陵兵马俑一号坑出土。

2 立射俑

秦始皇帝陵博物院藏。1974—1984 年陕西临潼秦始皇陵兵马俑二号坑出土。

3 陶马

中国国家博物馆藏。1974—1984 年陕西临潼秦始皇陵兵马俑一号坑出土。

4 金钩（吴钩）

秦始皇帝陵博物院藏。1974—1984 年陕西临潼秦始皇陵兵马俑一号坑出土。

5 青铜戟

秦始皇帝陵博物院藏。1974—1984 年陕西临潼秦始皇陵兵马俑一号坑出土。

6 铠甲武士俑

秦始皇帝陵博物院藏。1974—1984 年陕西临潼秦始皇陵兵马俑一号坑出土。

7 铠甲武士俑

中国国家博物馆藏。1974—1984 年陕西临潼秦始皇陵兵马俑一号坑出土。

8 铠甲将军俑

秦始皇帝陵博物院藏。2021 年陕西临潼秦始皇陵兵马俑一号坑第三次考古发掘出土。

9 十九年寺工铍

秦始皇帝陵博物院藏。1974—1984 年陕西临潼秦始皇陵兵马俑一号坑出土。

10 青铜剑

秦始皇帝陵博物院藏。1974—1984 年陕西临潼秦始皇陵兵马俑一号坑出土。

马王堆汉墓

● 长沙国贵族的奢华生活

　　在湖南博物院3楼展厅，名为"长沙马王堆汉墓陈列"的常设展览总是异常吸引参观者的眼球。展品中有一位汉代装束的蜡像女子，乃是这个展览当之无愧的明星。这不仅因为它高度还原了汉代女子辛追的真实面貌，而且展览中的素纱襌衣、T形帛画、诸多精美绝伦的漆器和异常珍贵的帛书文献等几乎都与辛追这位侯爵夫人脱不了关系。可谁能想到，穿越了2000多年成为网红的辛追夫人和这些珍贵的文物只是源自长沙东郊一次偶然的考古发掘！

马王堆汉墓的发掘与探究

在长沙市东郊的浏阳河以南有一片平坦的开阔地，中间却有两个约16米高的土堆，当地人相传，这里是五代时期楚王马殷的家族墓地，所以叫作马王堆；又因两个土堆东西并排且中间相连，形似马鞍，也被称作马鞍堆。然而，《太平寰宇记》等文献记载说，这里是汉代长沙王刘发埋葬程、唐两位姬妾的墓地，叫作"双女坟"。1952年，中国科学院考古研究所长沙工作队曾对这里进行过调查，确定是汉墓堆，似乎印证了以上文献的记载。

1971年，为了配合当地医院的施工，湖南省博物馆（今湖南博物院）的考古人员对马王堆进行了调查，随即在次年1到4月发掘和清理了靠东的土堆，命名为马王堆一号汉墓；

1

2

1 马王堆墓葬分布示意图
马王堆位于长沙市东郊五里牌外，距离市中心约4千米。马王堆周围地势平坦，交通便捷。地面残存土冢两个。

2 马王堆一号墓、三号墓打破关系示意图
从马王堆三座汉墓的结构来看，二号墓即利苍墓下葬最早；一号墓（辛追墓）在修建时打破了三号墓（利豨墓）的封土，说明利苍的去世时间比较早，随后二代轪侯利豨入葬，而辛追夫人则晚于自己的儿子利豨离世。

1973年11月至12月发掘了一号墓南边的墓葬,命名为三号墓;1973年12月至1974年1月,对西边的土堆进行了发掘,命名为二号墓。

一号墓最早发掘,共出土文物1000余件,以丝织品为最大特色,基本上包括了西汉前期丝织品中的大部分种类,且质量极高,保存情况也较好。在发掘一号墓的过程中,考古人员意外发现了三号墓,它与一号墓共用封土堆,位于一号墓的南边。经清理,三号墓共出土文物1600余件,以帛书为最大特色,另有部分帛画和以医疗为内容的简牍。这些带有文字的资料共10余万字,包含了不少已经失传的古代典籍或某些典籍的早期版本,价

帛书《五十二病方》·西汉

湖南博物院藏。1973年湖南长沙马王堆三号汉墓出土。长31厘米,宽18厘米。帛书《五十二病方》是迄今所见最早、最完整的古医方专著。

1
2

1 "利苍"玉印·西汉
湖南博物院藏。1973年湖南长沙马王堆二号汉墓出土。高1.5厘米,长2厘米,宽2厘米。玉印印面雕刻阴文篆体"利苍"二字。

2 "轪侯家"黑地朱色云纹漆盘·西汉
湖南博物院藏。1973年湖南长沙马王堆三号汉墓出土。高4厘米,口径57.8厘米。口沿上为波折纹、点线纹。内外壁为鸟头形图案,外底朱书"轪侯家"。

值无可估量。那些医疗简记载了西汉前期医学和养生学的内容,是当时已发现的最早的同类文献。

二号墓的清理让考古人员感到十分遗憾,因为墓葬的情况证实,它在古代已经遭到多次盗掘,仅剩的文物保存情况也较差,仅有700余件。然而,它出土了三枚印章,给我们弄清楚三位墓主提供了思路。其中有一枚玉印,印文为"利苍"二字;两枚龟纽鎏金铜印,印文分别是"轪侯之印"和"长沙丞相"。这三枚印章告诉我们,二号墓的墓主是西汉初期长沙国的丞相利苍,他的封爵正是轪侯。结合一号、三号墓的文物和位置,专家们确认,一号墓的墓主是轪侯利苍的夫人辛追,三号墓则是他们一个儿子。

《史记》和《汉书》对这位轪侯都有记载。他主要生活在汉惠帝时期,从惠帝二年(前193)至吕后二年(前186)在长沙国担任丞相。西汉前期,长沙国是位于南方的一个异姓诸侯国,与西汉帝国的统治中心有着遥远的距离,被认为是蛮荒之地。文帝时期的贾谊曾被任命为长沙国太傅,结果他就觉得自己是遭了贬斥,不愿意去长沙这种"卑湿之地"。或许正因为如此,高祖刘邦在扫灭异姓诸侯王的过程中放过了长沙国的国王吴芮,只是派遣丞相(王国的丞相相当于郡守)前去辅佐治理,这当然有明显的监视之意。做了长沙国丞相的利苍被封为轪侯,封地在今湖北浠水。按照汉代的惯例,列侯可以"不就国",即不必前往自己的侯国居住。所以,利苍就在自己任职的地方生活,最终也与夫人、儿子一起葬在了长沙。

辛追夫人"千年不朽"的秘密

然而,真正令马王堆震惊世界、令160多个国家和地区争相报道的却不是轪侯,而是他这个2000多年"不朽"的夫人——辛追。

当尸体身上的层层纺织物被揭开之时,所有人都惊呆了!这具2000多年前的女尸身高1.54米,体重34.3千克,面貌栩栩如生,皮肤甚至还有弹性。包括湖南医学院在内的10多个科研院所和高校对女尸进行了解剖和研究,发现它几乎和刚刚去世的人没有什么分别,内脏器官完整无缺,脑膜组织基本完好,甚至注射入防腐液之时,尸体的脉管竟同时隆起、扩散开去。研究结果证明,这位辛追夫人去世之时约50岁,A型血,生前有全身性动脉粥样硬化等多种疾病,可能是在进食甜瓜之后的3到4小时内胆绞痛急性发作,引发心肌缺氧,猝然死亡。

问题是:为什么一个死于2000多年前的古人尸体能够如此完好地保存到当今?

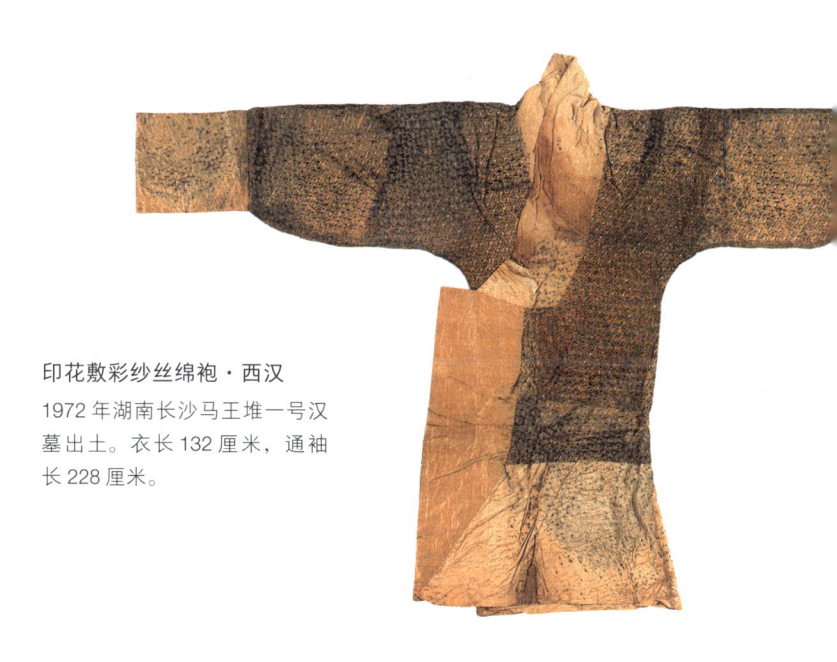

印花敷彩纱丝绵袍·西汉

1972年湖南长沙马王堆一号汉墓出土。衣长132厘米,通袖长228厘米。

专家们的研究让我们能够大致还原辛追夫人去世之后的完整下葬过程。那一年瓜熟的季节,辛追夫人突发疾病去世,轪侯府按照贵族礼仪给她准备香汤沐浴,接着裹上了多达20层的丝麻织物,并横扎9道丝带,使得织物紧紧包裹住尸体。再覆盖上印花敷彩纱丝绵袍和绢地"长寿绣"丝绵袍,暂时停放在冰块之上。这道程序在一定程度上隔开了空气,避免了小型昆虫进入,对尸体起到了早期防腐的作用。

接着,侯府为辛追夫人准备了三棺(内棺、中棺、外棺)、三椁(内椁、中椁、外椁)的6层下葬棺椁。她的尸身放置在最里层的内棺之中,然后再依次套入中棺、外棺、内椁、中椁和外椁,这6层棺椁均用厚木头层层相叠而成,除了外椁和中椁之间留有四个"边箱"用来放置陪葬用品外,其他所有木头均紧密套合在一起,且层层刷漆,既有装饰作用,也能遮蔽缝

1 黑地彩绘棺·西汉

湖南博物院藏。1972年湖南长沙马王堆一号汉墓出土。长256厘米，宽118厘米，通高114厘米。黑地彩绘棺为马王堆一号汉墓木椁中出土的四层木棺中的第二层。

2 朱地彩绘棺·西汉

湖南博物院藏。1972年湖南长沙马王堆一号汉墓出土。长230厘米，宽92厘米，通高89厘米。朱地彩绘棺为马王堆一号汉墓木椁中出土的四层木棺中的第三层，通体内外髹朱漆。棺外表的朱漆地上，彩绘龙、虎、朱雀、鹿和仙人等"祥瑞"的图案。

1
2

隙，阻挡空气进入。

这当然不够！

棺椁下葬后，外椁的四周及上层铺上了木炭，厚30～40厘米，用量约5000千克，能起到很好的吸湿作用；木炭层外再填入厚度60～130厘米的白膏泥，这种泥土质地细腻，黏性较强，铺设如此厚度，能起到较好的防潮作用；白膏泥再往外是"五花土"，土质虽普通，却夯筑得十分密实，夯层厚40～50厘米；夯层之外是高出地面的封土，主要是黄沙土，与墓坑原土不同，可能是从附近运来后封成约16米高的土丘。

这样一来，辛追的尸身从外到内共有三个层次的防护措施：第一层次由封土、五花夯土、白膏泥和木炭组成；第二层次由三椁、三棺组成；第三层次由二十层纺织物贴身防护。三个层次都构建得十分密实、紧致，几乎为辛追的尸身人为创造了一个无菌、缺氧、恒温、恒湿的高标准文物保护环境。

与此相比较，二号墓在古代多次遭到盗掘，连利苍本人的尸体都散乱不堪，自然没有这样的保存条件。三号墓的结构似乎与一号墓相似，但封土是借用一号墓，白膏泥层与木炭层厚度不足、棺椁密封不严，所以，尸体早已腐烂，出土时仅剩下骨架。

可以想象，若不是这一次的偶然发掘，辛追或许还将继续"不朽"下去！

辛追夫人的精致生活

"活生生"地穿越到2000多年后的辛追夫人还携带着她生前的种种生活用品，给人们展现了一位汉代贵妇人精致的生活场景。

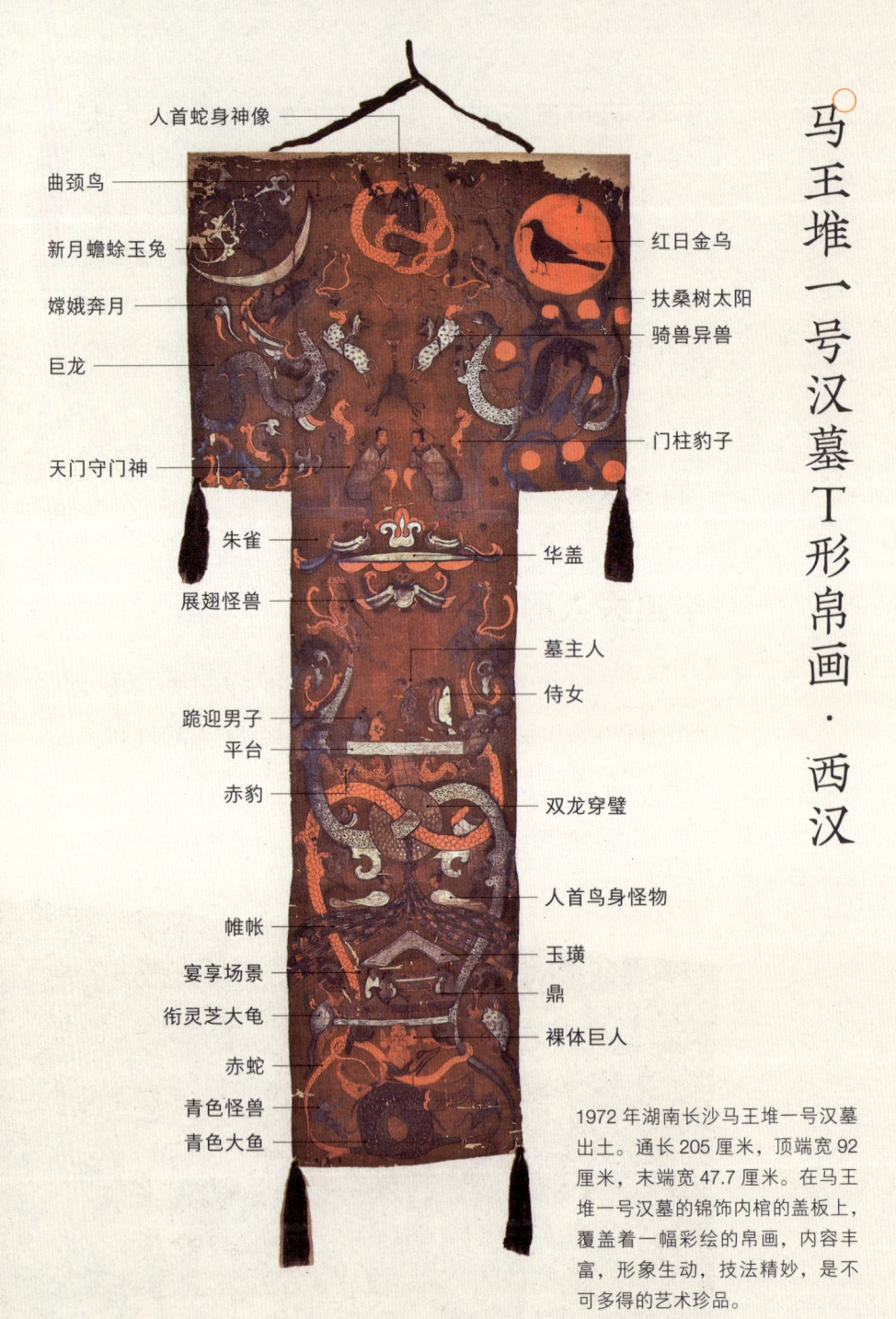

马王堆一号汉墓T形帛画·西汉

标注（自上而下）：

左侧：
- 人首蛇身神像
- 曲颈鸟
- 新月蟾蜍玉兔
- 嫦娥奔月
- 巨龙
- 天门守门神
- 朱雀
- 展翅怪兽
- 跪迎男子
- 平台
- 赤豹
- 帷帐
- 宴享场景
- 衔灵芝大龟
- 赤蛇
- 青色怪兽
- 青色大鱼

右侧：
- 红日金乌
- 扶桑树太阳
- 骑兽异兽
- 门柱豹子
- 华盖
- 墓主人
- 侍女
- 双龙穿璧
- 人首鸟身怪物
- 玉璜
- 鼎
- 裸体巨人

1972年湖南长沙马王堆一号汉墓出土。通长205厘米，顶端宽92厘米，末端宽47.7厘米。在马王堆一号汉墓的锦饰内棺的盖板上，覆盖着一幅彩绘的帛画，内容丰富，形象生动，技法精妙，是不可多得的艺术珍品。

对这个生活场景最直接的描绘就是覆盖在内棺上的T形彩绘帛画。这幅帛画全长2.05米,形似一个横着的长方形和一个竖着的长方形组成的T形,上部宽92厘米,下部宽47.7厘米,四角还有飘带,出土时基本保存完好。正因为如此,我们能够清楚地看到帛画上的三个明显的区域:最上方位于横长方形部位似乎描绘的是天界的情形,中间靠上是一个人首蛇身的神人,其左右的区域描绘着古人关于日月的神话传说,左为弯月,弯月下有嫦娥奔月的场景;右为金乌,下有羿射九日的场景;神人下方还有两人对坐,似乎守卫着天界的门户。最下方似乎描绘着冥界的情形,一个黄色巨人站在两条交缠的鱼尾蛟龙之上,双手向上似乎托举着大地。上下之间便是一个贵妇人在人间生活的场景,她似乎上了年纪,略微佝偻着身体,拄着拐杖,身后跟着三个侍女,向左缓缓前行,前方又有两个侍者捧着食品跪迎。以这个贵妇人为中心,周围环绕着飞空的神人、穿过玉璧的神龙、人首鸟身的彩凤以及象征音乐的磬、正在烹煮食物的厨房等,仿佛是这位贵妇人正在举办一个盛大的宴会。三界之中还点缀着无数的神兽、神鸟、波涛、云彩等元素,使得整幅帛画异常丰满奢华,又充斥着浓郁的神仙气息。这些场景与元素正是汉代社会贵族生活和想象的真实呈现,是辛追夫人实实在在的生活场景。

在服饰方面,辛追夫人无疑也是汉代的时尚达人。在她的墓葬中,汉代前期几乎所有的丝织物都能见到,如绢、纱、锦、绣、绮等,所用颜色更是多达十几种,纹饰亦花样繁多。在这些丝织物中,有一件堪称汉代顶级丝织工艺的最佳证明,

素纱禅衣

那就是素纱禅衣。这件衣服长 128 厘米,袖子通长 190 厘米,乃是汉代的一种方孔平纹织物,作为单层罩衣来穿。其最大的特点便是"薄如蝉翼,轻如烟雾",全衣重量仅有 49 克,还不到今天的一两;若除去衣领、袖口,仅重 25 克,令人惊叹!最令人啧啧称奇的是,以当今的纺织技术,竟然无法以原重量复制出来,复制品总是远远超过 49 克。经过分析,专家们发现了根本原因:今天的蚕由于不断进化,所吐的丝比汉代更粗。为此,专家们耗费了 13 年培育蚕,再加上 2 年的织造,才勉强将这件素纱禅衣复制出来,殊为不易!

在打扮方面,辛追夫人更是行家里手。她的墓葬中出土了一件漆器化妆盒,叫作彩绘双层九子漆奁。这个化妆盒整体是圆形,高 20.8 厘米,直径 35.2 厘米。将漆盖打开,里面分为两层：上层放着三双手套、一条丝绵絮巾，一根组带，一条"长寿绣"的绢制镜衣；下层有 9 个凹槽，分为圆形、椭圆形、长方形等多种形状，相应放置 9 个小的漆盒，这些漆盒中有胭脂、粉扑、梳子、篦子、针衣等多种梳妆用品，能够满足汉代女子化妆方面的多种需求。

　　帛画反映了辛追夫人的生活环境，素纱禅衣代表着服饰，彩绘双层九子漆奁代表着日常用品，这已经是相当精致的生活了，但并不是全部。考古人员在她的墓中还发现了 162 件木俑，这其中有大量的侍从，还有专门在宴会上进行表演的奏乐和歌舞班子。在西部的"边箱"中，还有多达 37 笥的食品，从残存的骸骨和遗迹判断，素食包括豆类、水果（枣、梨、梅等）、蔬菜（苋菜等）等，肉食则有牛、鹿、猪、狗、兔、鸡、

1
2

1 素纱禅衣 · 西汉
湖南博物院藏。1972 年湖南长沙马王堆一号汉墓出土。此件素纱禅衣为交领，右衽，直裾。面料为素纱，边缘为几何纹绒圈锦。

2 彩绘双层九子漆奁 · 西汉
湖南博物院藏。1972 年湖南长沙马王堆一号汉墓出土。双层九子漆奁随葬在马王堆一号墓北边箱，以绢地"信期绣"夹袱包裹。

鱼等，此外还有残存的鸡蛋40个，种类之丰富，亦令人叹为观止。

如果说秦始皇陵是秦帝国的缩影，中山王墓是中山王宫的再现，那么，马王堆一号汉墓则是辛追夫人生前精致生活的全面体现：这里有她的家庭，丈夫和儿子陪伴在侧；有她日常生活所需的种种物品，代表着她在衣食住行各方面的时尚潮流，甚至连汉代人所思所想的天地人三界构造也画了出来。这么看来，辛追其实就是一个爱家庭、爱生活、爱打扮，并且受到神仙思想影响的"真实"汉代女子！

木雕奏乐俑·西汉
1972年湖南长沙马王堆一号汉墓出土。高32.5～38厘米。马王堆一号墓奏乐俑共有5个，其中2个吹竽，3个鼓瑟，屈膝跪坐，低额高鼻，墨眉朱唇，头上插有竹签，雕着交领右衽长袍。雕刻细腻，形象生动，造型有别于马王堆汉墓群俑。这是墓主人生前歌舞升平生活的写照。

西汉繁荣时期的真实写照

从第一回开始,《三国演义》就在刘备身上贴上了"中山靖王之后"的标签,自此屡书不绝。到底"中山靖王"何许人也?历史上真有其人吗?1968年,河北满城中山王墓发掘,墓中文物证实,墓主正是中山靖王刘胜及其王后窦绾。这座墓葬无疑是一座奢华的地下王宫,墓主夫妇身着传说中的金缕玉衣静静躺在其中,身畔伴随着汉家宫阙中的长信宫灯、错金铜博山炉等稀世珍宝,在两千年匆匆而过的时光中,默默地在陵山之上凝视、守候着自己的中山王国。

满城汉墓

中山王墓的传说与发掘

两汉时期，中山国是一个经常见诸史书的诸侯王国，虽然屡废屡置，但其国都基本都在卢奴，即今河北省定州市。从定州往北，沿着京昆高速越过唐县、顺平县，就到了保定市满城区。满城以西有一片起伏不平的丘陵地带，仿佛是雄伟的太行山脉在东麓撒下的群星。其中有一座海拔约200米的小山，叫作陵山，因主峰略高，两侧山峰略低，形似门户大开的宫阙，被古人认为是风水宝地，可能埋葬着身份非同一般的古代贵族。据说，在山的东南角原有一座陵山村，后分化为现在的北陵山村和南陵山村；从两座陵山村再往外推两千米，还有一座守陵村。故老相传，这几个村子当初就是为守陵而设，但到底是何时设置，守候的又是谁的陵墓，却早已湮没无闻了。

1 河北满城陵山远眺

2 满城汉墓考古发掘现场

3 中山靖王墓

中山靖王墓洞全长 51.7 米，最宽处 37.5 米，最高处 6.8 米，容积约为 2700 立方米。

1968 年 5 月，解放军某部在陵山上执行国防任务。班长李锡明在执行爆破任务后，发现爆破点居然没有烟排出，却出现了一个直径约 60 厘米的洞。他用皮尺拴着石头测量，发现这个洞有 6 米多深。为了探知详情，李锡明组织战士们带着电灯入洞，最终确认这里是一座相当大的古代墓葬，所以，爆破的烟雾都进入了墓室。

这个消息迅速上报，两天后，党中央就得知了此事。周恩来总理亲自听取了汇报，并安排部署，由时任中国科学院院长的郭沫若挑选了王仲殊、卢兆荫、张子明等同志组成发掘工作队，在驻守陵山的解放军指战员的帮助下，开始了艰苦的发掘和清理工作。

1 中山内府铜钟·西汉
河北博物院藏。1968年河北保定满城汉墓一号墓出土。高45.3厘米。

2 窦绾、窦君须铜印·西汉
河北博物院藏。1968年河北保定满城汉墓二号墓出土。长2厘米，宽2厘米，厚0.8厘米。方形双面印，一面铸篆体阴文"窦绾"，一面作"窦君须"。

  墓室内外温差极大，简直是两重天地。开始发掘的时候正是盛夏时节，外面天气非常炎热，仅仅上山就满头大汗；墓室内部却十分阴冷，进去之前不仅要等身上的汗干透，而且还必须穿上部队的棉大衣。此外，由于墓室长期渗水，内部湿度也非常高，棉大衣、包裹文物的麻纸等物品一两个小时就会濡湿。这些对参与发掘的人员是严峻的考验，不断有人因为关节炎发作等健康原因不得不退出发掘工作。

  这座墓葬的发掘受到高度重视。在发掘过程中，郭沫若院长就根据已出土文物上的"中山内府""卅四年""卅九年"等铭文推测，墓主可能是第一代中山王刘胜。7月底，76岁高龄的郭沫若还亲自到发掘现场考察，并根据刘胜墓北侧的连接处大量的人工石片推测，可能还有王后墓，后来果然发现了中山王后窦绾的墓葬。

  整个发掘工作从1968年5月底开始，至8月2日，一号墓室（即中山靖王刘胜墓）清理完毕。8月3日，一号墓文物装箱运往北京。8月13日开始清理二号墓（中山王后窦绾墓），至9月19日清理完毕。9月20日，二号墓文物运往北京。两座墓葬共出土文物10000余件，其中有金缕玉衣、长信宫灯等国宝级的珍贵文物。

两座墓葬的基本结构基本相同，均包括南耳室、北耳室、中室及后室四个主要部分。就一号墓而言，南耳室相当于为墓主服务的车马房，陪葬着真车真马；北耳室相当于墓主存放食物和各种工具的储藏室，比如大酒缸、石磨等；中室相当于宴请宾客的厅堂，有考究的地面结构和排水设施，以及宴会中张设的帷帐、漆案等，壁画上还绘制有用于观赏的"百戏图"；后室象征着墓主的寝室，放置着墓主的棺椁，也陪葬着墓主生前喜爱或常用的奢华物品，如镶玉铜枕、玉具剑、错金铜博山炉等。二号墓的南北耳室的功用与一号墓相反。从整体上看，两座墓葬均是精心设计的地下王宫，中轴线由甬道、中室（厅堂）和后室（寝室）组成，甬道两侧为库房与车马房，俨然是墓主生活场景的再现。

首现真容的金缕玉衣

一部叫作《西京杂记》的文献记载了这么一句话，"汉帝送死皆珠襦玉匣"，一度让后人挠头不已，到底"珠襦玉匣"是什么？难道是玉质的匣子？汉代的帝王们难道是装在玉匣子里下葬？

中山王墓的发掘为这个问题提供了答案，在中国考古史上第一次将"珠襦玉匣"的真容完整地展示在世人面前：它就是金缕玉衣。

第一件金缕玉衣出自刘胜的棺木，棺木保存在后室。从 7 月 12 日开始，考古人员开始清理后室。在解放军战士们的帮助下，考古人员打开中室和后室之间的石门，拍照、测绘后室的结构，清理了其中的珍贵文物，仔细处理了棺床上因年代久远而造成的棺椁腐朽物，拨开层层堆积的漆皮和朽木灰，金缕玉衣赫然映入眼帘。

不过，此时的金缕玉衣由于棺椁、尸体的腐朽受到长时间挤压，只是平铺在棺床上，需要进行修复。为了尽可能修复为原貌，考古人员用铁丝制作成相应大小的外框，再穿过铁丝形成内部铁丝网，铺垫麻纸并灌注大约 2 厘米厚的石膏，将玉衣整体固定起来，运入室内进行修复。这是第一次修复，主要是清洗并粘接

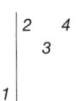

| 2 | 4 |
| 3 |
| 1 |

1 刘胜金缕玉衣·西汉
河北博物院藏。1968 年河北保定满城汉墓一号墓出土。全长 188 厘米。该玉衣是用金丝将玉片编缀而成。

2 刘胜金缕玉衣头部
玉衣头部由脸盖和头罩组成。脸盖长 27 厘米，最宽处 20 厘米。由 126 片玉片组成。

3 刘胜金缕玉衣手部
玉衣左右手皆为手套，呈握拳状，长 17.5 厘米。左右手分别使用了 113 片和 112 片玉片。

4 刘胜金缕玉衣足部
玉衣足部为鞋状，鞋为方头平底高勒，长 29 厘米。

玉片、重新定位零散玉片，并使用铜丝代替遗失的金丝编结玉衣，使其基本恢复原貌。1995年，这件玉衣又进行了第二次修复，主要是使用特制金丝替换铜丝，并重新研究使用了编缀技术。2013年，进行第三次修复，侧重一些细部的粘接、编结和起翘、破损部位的平复等，使得玉衣更接近原始的面貌。

最终修复的结果是这样：这套玉衣由1100克左右的金丝穿缀2498块方形、梯形、瓦片形、三角形以及不规则形状的玉片形成，总长1.88米，分为头部、躯干、四肢、手套和鞋五个部分，其中，头部和躯干均为前后两片缀合而成。

这样一来，玉衣便将整个人完全包裹在其中，没有一丝一毫的躯体暴露在外。可是，古人为什么要穿上包裹如此严密的玉质殓服下葬呢？

这是中国古人爱玉情结的一种表现。

从新石器时代以来，中国人就将美玉视为生命中不可分割的一部分。他们将美玉佩戴在身上进行装饰，将美玉敬献给神灵以祈求所需，将美玉用在政治上体现权力与地位，也将美玉用于陪葬来表达对亲人的思念。由此，古代玉器中有一类玉器叫作葬玉，它们往往与墓主贴身放置，似乎在某种程度上能够对墓主的尸身起保护作用。在新石器时代，葬玉或许只是单个的小型玉器，如放在嘴里的玉琀。到了西周时期，葬玉的种类增加，比如堵住五官七窍的玉塞，缀于布帛之上盖住面容的玉覆面等。汉代则是葬玉制作和使用的顶峰时期，最高级的葬玉正是这种覆盖全身的玉衣。

在汉代人看来，玉是天地之精华，历经千年而恒久不变，因此，贴身安置的玉器能够对墓主的尸身起保护作用，使得尸身能够长年不腐。似乎为了增强这种信仰的可信性，《后汉书》记载了两汉之间赤眉军攻入长安、发掘关中陵墓的场景，其中记载，在棺椁打开之后，那些穿了玉衣下葬的人，个个面貌栩栩如生，宛若生时，令人惊叹不已！然而，这终究只是镜花水月！当刘胜的金缕玉衣揭开之后，人们看到的只有骨灰渣与少许牙齿碎片，尸身早已消失在了时光的消磨之中。

鎏金镶玉铜枕·西汉
河北博物院藏。1968年河北保定满城汉墓一号墓出土。长44.1厘米，高17.6厘米。

1968年9月，在刘胜的王后窦绾的墓葬中发现了第二件金缕玉衣，长1.72米，用玉2160片，金丝约700克，比刘胜的玉衣略小，这是第一件女性金缕玉衣。

　　此后，在徐州狮子山汉墓、广州南越王墓等诸多汉代的墓葬中陆续发现了更多的玉衣，也使得人们对玉衣有了越来越清楚的认识。时至今日，较完整的玉衣出土了30套左右。从这些已出土的玉衣判断，汉代的玉衣固然有玉质上的区别，但更明显的是穿缀玉片的材料存在着金缕、银缕、铜缕和丝缕四种，或许是因为使用者的身份有所不同。据记载，汉武帝下葬之时就穿着一件高规格的金缕玉衣，胸前雕琢有青龙、白虎、朱雀、玄武的纹饰，让人难以想象，这又是何等奢华的模样呢？

汉家陵寝中的"黑科技"

　　在中山王后窦绾墓后室门道内口的西侧，考古人员发现了一盏铜灯。刚看到它时，只是散落在地上的一堆构件；修复安装之后，人们惊奇地发现，这盏因刻有"长信"铭文而得名的长信宫灯竟然是一盏曾照亮汉家宫阙的神灯：造型优美、结构精巧，还展示了汉代人在灯具制作上的"黑科技"。

　　长信宫灯看起来是由跽坐持灯的侍女与灯具两部分组成，但实际上二者并未分开，而是连为一体。它可以分为上下组合可拆卸的灯座、带鋬可转动的灯盘、内外两块屏板合拢而成的灯罩、梳髻覆巾的侍女头部、穿着交领曲裾深衣腰间束带跣足跽坐的身躯、内部中空与灯具相连的右臂6个部分，而且，这6个部分均可拆卸，当初就是分别铸成后再组合而成，奢华而精巧。

这盏看似普通的铜灯中隐藏了一些汉代的"黑科技"。灯盘是可以转动的，转动的工具就是銎柄。刚发现时，銎柄内部还有残余的朽木，说明这里可以加装木柄。组成灯罩的内外两块屏板是弧形的，可以左右推动。銎柄的转动配合弧形屏板的推动，可以轻易地调节灯火的照亮方向和光线的强弱。更令人惊叹的是此灯在环保方面的设计：侍女的身躯和右臂都是中空的，灯盘上的烛火燃烧时产生的烟尘不会弥漫到厅堂之中，而是顺着侍女的右臂进入到身躯中。由于这几个部分都可以拆卸，自然也方便了后期的清洗，能够保证长期使用。这毫无疑问是古代劳动人民智慧的结晶。

另外，此灯上还有65字的铭文，分布在侍女的右臂和衣角、灯罩的屏板、灯盘以及灯座等9处。这些铭文除了"长信"之外，还多次提到了"阳信家"，以及某些部件的容积、重量等信息，为研究这盏神灯在汉家宫阙中的流转提供了线索。

"长信"是指长信宫，在汉代一般是太皇太后的宫殿；但西汉前期以"阳信"为号的却有阳信侯刘揭以及汉武帝的姐姐阳信公主，他们的家族都可以用"阳信家"来指称。1981年，汉武帝茂陵的一座墓葬出土了一批铜器，其中16件有"阳信家"的铭文，应该是武帝的姐姐阳信长公主所有，因为阳信侯刘揭生活在吕后、文帝时期，不可能陪葬到武帝的茂陵。所以，这盏长信宫灯上的"阳信家"或许指的就是阳信公主。

长信宫灯

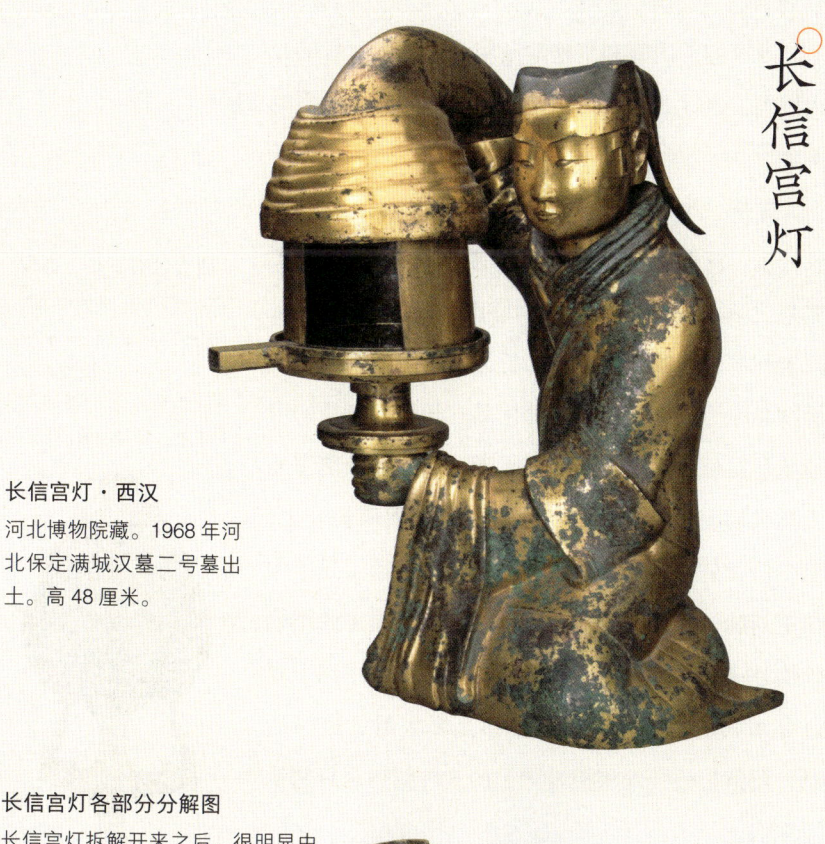

长信宫灯·西汉

河北博物院藏。1968年河北保定满城汉墓二号墓出土。高48厘米。

长信宫灯各部分分解图

长信宫灯拆解开来之后，很明显由头部、身躯、右臂、灯座、灯盘、灯罩六个部分组合而成，其中灯盘又分为上下两部分，灯罩可分为两个屏板。灯座、灯罩（屏板）上的"阳信家"铭文清晰可见。

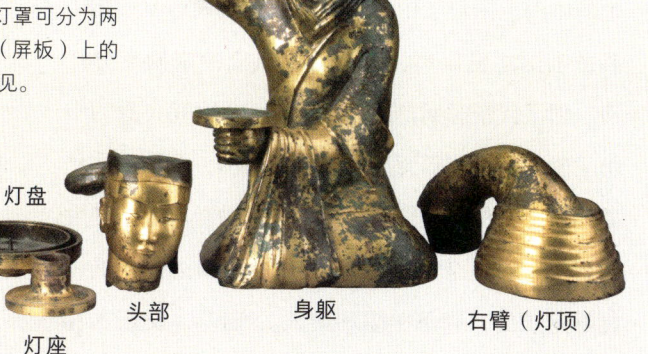

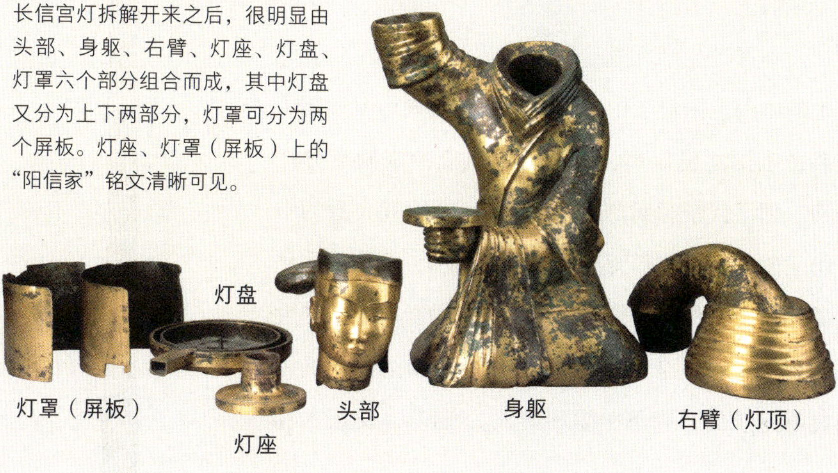

灯罩（屏板） 灯盘 头部 身躯 右臂（灯顶）
灯座

专家们的研究和争论渐渐厘清了长信宫灯的流传过程，也让我们对中山靖王刘胜夫妇有了更多的了解。

原来，中山靖王刘胜是汉景帝的儿子，与阳信长公主、汉武帝是兄弟姐妹。他生活的时代跨越了文景之治与汉武帝时期两个盛世，汉朝国力强盛，民丰物阜，皇家与他的中山王国都有条件制造华美的物品作为家庭用具和陪葬用品。长信宫灯最初可能就是在长信宫中制作而成，随后居住在长信宫的太皇太后窦氏将此灯赐给自己的孙女阳信长公主，而阳信长公主因某种原因又将此灯赠送给了兄弟中山王刘胜。什么原因呢？或许是因为中山王的婚姻恰恰是汉代前期常见的刘氏与窦氏联姻，中山王刘胜是窦太后的孙子，王后窦绾是窦太后的娘家后辈，阳信长公主便将祖母赐予的这件精巧宫灯赠给了他们。

不过，生活在这个时代或许也是刘胜的不幸。他的中山王国位于中原腹地，国力强大，但经历了吴楚七国之乱以后，朝廷对诸侯王的限制十分严格。到了武帝时期，这种限制进一步强化，身为中山王的刘胜不能随意离开自己的王国，要处处受到朝廷派遣官员的监管和压制。在这种环境下，刘胜不得不抛弃了宏图霸业，离开了诗和远方，唯一能够追求的只剩下美酒和美人。所以，《史记》和

鎏金竹节熏炉·西汉
陕西历史博物馆藏。1981年陕西兴平县（今兴平市）茂陵东侧从葬坑出土。通高58厘米，口径9厘米。

错金银镶嵌铜骰子·西汉

河北博物院藏。1968年河北保定满城汉墓二号墓出土。直径2.2厘米。铜骰通体错金银,为18面体的球形物。此骰造型极其精美,骰子与"宫中行乐钱"同出,推测可能和"宫中行乐钱"配合使用,应是"行酒令"的玩物。

《汉书》都说他"乐酒好内",有120多个儿子,封侯的多达19人。考古发掘也证实了这个特点。除了大量精美的青铜质和漆质酒器,一号墓的北耳室甚至还有16个庞大的陶酒缸,每个酒缸上都有朱书文字,告诉我们这些酒缸装有黍上尊酒、甘醪、黍酒、稻酒等多种品质的酒,重量10石到15石不等,以汉代1石相当于120斤计,全部都在1200斤以上。即便是在粮食酿酒技术非常成熟的汉代,用如此大量的酒来陪葬,也显得异常奢靡,成了刘胜好酒的最大证据。

大云山江都王陵

在考古上,除了满城汉墓发现中山王刘胜的墓葬之外,2009年,刘胜的兄弟江都王刘非的墓葬也被发现,这就是大云山江都王陵。大云山江都王陵位于江苏省盱眙县马坝镇云山村大云山山顶,是一处保存比较完整的西汉诸侯王陵园,一号墓墓主为西汉第一代江都王刘非。2009年发生严重盗墓事件后,南京博物院在2009年9月至2011年12月期间进行了抢救性发掘,在陵园内发现主墓3座、陪葬墓11座、车马陪葬坑2座、兵器陪葬坑2座及陵园建筑设施等遗迹,在陵园外发现陪葬墓1座和东司马道,一、二号墓出土包括玉棺、金缕玉衣等在内的陶器、铜器、玉器、金银器、漆器等各类文物10000余件(套),许多文物均为首次发现。

满城汉墓
出土文物一览

河北博物院藏。
1968年河北保定满城汉墓一号墓／二号墓出土。

满城汉墓共出土金、银、铜、铁、玉、石、陶、漆等各类文物10633件，其中精品4000多件。其种类之丰富，制作之精美，在已发掘的汉墓中都是罕见的，令人叹为观止。墓中出土的文物充分反映了西汉盛世时期高度发达的物质文明，为研究汉代冶炼、铸造、漆器、纺织等手工业发展和医学、农业发展提供了重要的实物资料。

渗碳钢、百炼钢、镀铬技术等先进科技的应用是足以改写中国科技史的重大发现，反映了当时先进的社会生产力发展水平。"医工"铭文的铜盆，是研究中国古代针灸和医学史的重要资料。铜漏壶为迄今发掘出土年代最早的一件，对研究天文学史具有重要参考价值。石磨、铜尺等文物为国内首次发现，对研究农业发展史和古代度量衡制度发展有重要价值。长信宫灯、博山炉、朱雀衔环铜杯等文物造型精美，是技术与艺术结合的典范制作，反映了汉代辉煌的文化艺术发展成就。

错金博山炉

腹径15.5厘米，通高26厘米。炉身似豆形，作子母口，盖肖博山。炉身的盘座分别铸成后用铁钉铆合，通体错金，纹饰流畅自然。炉座圈足作错金卷云纹，座把透雕作三龙腾出水面的头托炉盘状。炉盘上部和炉盖铸出高低起伏、挺拔峻峭的山峦。炉盖的山势镂空，山峦间神兽出没，虎豹奔走，小猴蹲踞在峦峰或骑在兽身上，猎人肩扛弓弩巡猎或正追逐逃窜的野猪，二三小树点缀其间，刻画出一幅秀丽的自然山景和生动的狩猎场面。

1 医工铜盆
高 8.3 厘米，口径 27.6 厘米。

2 长乐飤官壶
高 45 厘米，口径 14.2 厘米，足径 17.9 厘米。根据铭文可知，此壶原为长乐宫中之物。

3 铜漏壶
口径 8.6 厘米，通高 22.5 厘米。该器是迄今经科学发掘出土的有准确年代可考的最早的漏壶。

1	2			
3	4	5	6	7
	8			
9	10	11	12	13

4 鸟篆文铜壶
口径 15.5 厘米，通高 44.2 厘米。

5 三熊足铜鼎
腹径 37 厘米，口径 20.2 厘米，通高 59.5 厘米。

6 嵌金片花纹铁匕首
长 36.7 厘米。

7 宫中行乐铜钱
径 3.3 厘米。

8 淡绿玻璃盘
口径 19.7 厘米，高 3.2 厘米。

9 朱雀衔铜杯
宽 9.5 厘米，通高 11.2 厘米。

10 鎏金铜甗
通高 48.2 厘米。由釜、甑、盆三件组成一套。

11 透雕双龙高钮谷纹白玉璧
通高 25.9 厘米，外径 13.4 厘米。

12 鎏银骑兽人物博山炉
底盘径 22.3 厘米，通高 32.3 厘米。

13 鎏金银蟠龙纹铜壶
腹径 37 厘米，口径 20.2 厘米，通高 59.5 厘米。

一个被废帝王的传奇人生

2011年,江西南昌的一起非法盗掘案件引起了广泛关注,将人们的目光拉回到2000多年前的汉代中期,使得一个名为刘贺的列侯忽然在公众视野中高频率地出镜了!随着专家们的解读和墓葬的持续发掘,人们惊奇地发现,刘贺的人生跌宕起伏却长期缺乏关注,刘贺的墓葬看似普通却蕴藏丰富。为此,考古人员采用了前所未有的综合手段进行发掘,终于解封了这个金光灿灿的地下黄金之国,也为人们进一步了解刘贺提供了新的线索。

海昏侯墓

全新理念下海昏侯墓的考古发掘

海昏侯墓考古队领队杨军教授讲述了海昏侯墓被盗和发现的过程。那是 2011 年 3 月 24 日,杨军接到了古墓被盗的消息,连夜赶到现场,发现那里是南昌市新建区大塘坪乡观西村的一处叫作墎墩山的土丘,顶上已经被打出了一个宽约 0.5 米的盗洞,黑黢黢的看起来深不见底。为了了解墓葬的基本情况,杨军找来当地打井的师傅,利用辘轳坐在吊篮中就下去了。在这个最终探测深达 15 米左右的盗洞中,杨军看到了木炭、白胶泥,以及盗洞底部被挖了一个洞的椁木。椁木是樟木制作,还散发着浓郁的香味。杨军就此初步判断,这是一座汉代的墓葬,可能等级还比较高。

随后,经国家文物局批准,由多位专家组成的考古队对这座墓葬进行了抢救性发掘,结果表明,这里是包括主墓、多座祔葬墓、陪葬车马坑、墓园建筑遗迹以及海昏侯国都城遗址——紫金城城址在内的综合性考古遗址,总面积约 4 万平方米，这些正是今天汉代海昏侯国考古遗址公园的建设基础。

发掘从2011年开始，一直持续到2016年。2011年，考古人员以被盗墓葬为中心，系统地调查了周围5平方千米，以上遗存基本上都探测了出来。2012—2013年，对海昏侯墓园进行细致的勘探和发掘。2014年，对主墓的封土和墓室内部进行了清理。2015年，清理主墓并提取墓中遗物。2016年，完成主棺的清理。这5年间，总发掘面积约1万平方米，出土文物1万余件（套），其中以金器、玉器、青铜器、简牍等几种类型最具特色。令人兴奋的是，墓主腰侧的"刘贺"玉印、木牍和金饼上的"海昏侯臣贺"等资料证明，主墓的墓主正是第一代海昏侯刘贺，这消除了大家的疑惑。

专家指出，海昏侯墓的发掘是一次全新理念下的考古尝试，发掘人员的组成、发掘方案的预设、发掘手段的运用以及发掘过程的透明程度等均可以称得上前所未有。

国家文物局为海昏侯墓的发掘指定了相应研究领域的学者并组成了专家组，组长是田野考古和秦汉墓葬考古专家信立

1 "刘贺"螭纽玉印·西汉
南昌汉代海昏侯国遗址博物馆藏。2011—2016年江西南昌新建区大塘坪乡观西村海昏侯墓出土。高1.6厘米，印面边长2.1厘米。和田白玉，局部有浅褐色沁。螭纽，印文"刘贺"二字为印刻篆书。盖印是揭示墓主人身份是刘贺的最直接证据。

2 海昏侯墓遗址航拍

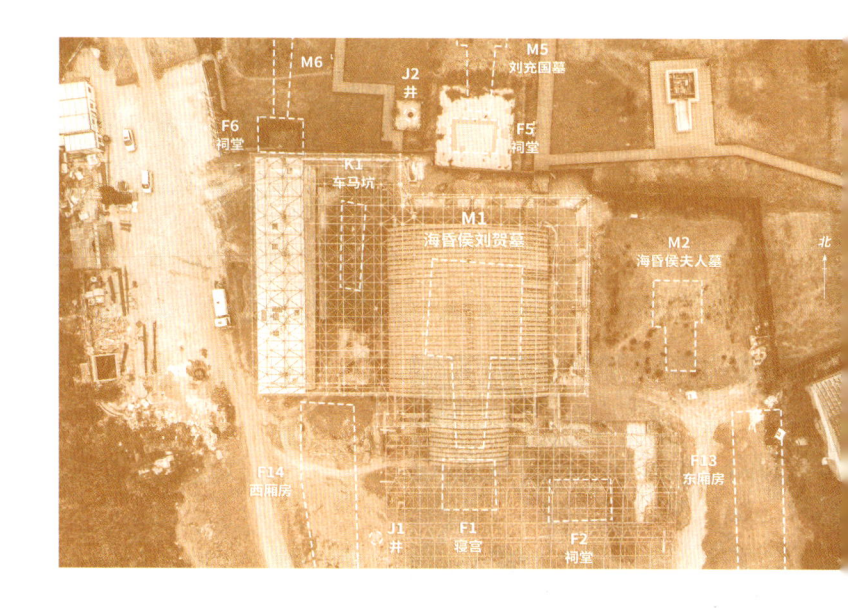

祥，组员包括秦陵和张安世家族墓考古领队张仲立、漆木器修复专家吴顺清、科技考古专家杜金鹏、文物保护专家胡东波、织绣修复专家王亚蓉、大遗址勘探专家焦南峰等，能够对发掘过程的方方面面进行全方位的指导。

在实际的发掘过程中，考古人员始终坚持先编制预案、再由专家组讨论确定、最后具体实施发掘的程序，使得发掘过程的科学性、文物和人员的安全性、墓葬信息的完整性等都得到了保障。

先进的科技手段得到了恰当的运用。在发掘之初，专家们就在整个墓园范围内布置了9000个以上的测控点，采用地球物理探测、GPS定位、电子全站仪布网测控、全球地理信息系统（GIS）等手段，建立起了覆盖整个海昏侯国遗址的地

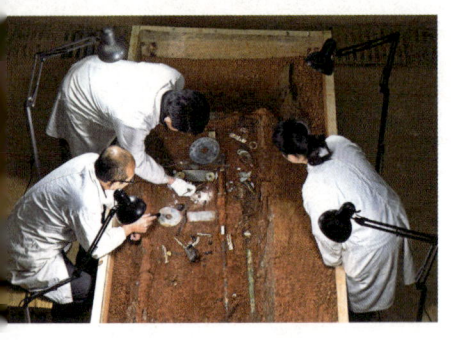

1
2
3

1 考古专家在海昏侯墓发掘现场

2 考古工作人员对江西南昌西汉海昏侯墓园五号墓的内棺进行清理工作

3 海昏侯墓马蹄金、麟趾金提取现场

理信息系统。之后在具体的发掘过程中，三维扫描、延时摄影、航空拍摄等技术用于勘探发掘，X光探伤技术、X光成像技术、高光谱等用于文物清理和保护，能谱分析、去离子水养护、泥土分离剂等用于分析、检测遗迹图样和残留物，最大限度地保存了文物和遗迹的信息。

更值得注意的是，海昏侯墓的考古发掘始终保持着较高的透明度，实际发掘的专家、相关政府部门、跟踪报道的媒体和兴趣浓厚的公众各自从不同的角度参与到其中，再加上博物馆的展示、不断举办的讲座、学术期刊的热烈研讨等，凡此种种，使得海昏侯墓考古变成了一场始料未及却有全民参与的文化盛宴。

正是在这样的理念指导下，海昏侯墓的考古发掘开创了中国新时代考古发掘的典范，不仅为以后同类型的考古发掘提供了参考，而且也为墓主海昏侯的进一步研究提供了保障。

埋藏地下的黄金之国

从目前发掘情况看，遗物基本未被盗，这在全国汉代高等级墓葬的发掘中是十分少见的。海昏侯墓共出土金器、青铜器、铁器、玉器、漆木器、陶瓷器、竹编、草编、纺织品和简牍、木牍（签牌和奏章副本）等各类精美、珍贵文物1万余件。其中回廊6000余件，主椁室1000余件，车马坑3000余件。

数以千计的竹简和近百版木牍，使多种古代文献在2000

年后重见天日，是我国简牍发现史上的又一次重大发现，也是江西考古史上的首次发现。从目前竹简的实验室初步清理和保护情况看，其内容大约包括《悼亡赋》《论语》《易经》《礼记》《医书》《五色食胜》等部分。木牍大约包括属遣策类的签牌和奏牍。签牌是系在竹木笥或漆箱上的标签，上面写有盛器的编号及所盛物品的名称和数量等；奏牍是墓主人上奏皇帝、皇太后的奏章副本。

海昏侯墓出土的整套乐器，包括2架编钟、1架编磬、琴、瑟、排箫、笙和36尊伎乐木俑，形象再现了西汉列侯的用乐制度。特别是2架编钟、1架编磬和36尊伎乐俑反映了汉代继承《周礼》中规定"诸侯轩悬"，乐舞"六佾"的乐悬、舞列制度。海昏侯墓出土的青铜编钟共计24件，其中鎏金钮钟14件、甬钟10件。同时墓内出土编钟架座两套4件，故知

1 "第廿七"签牌·西汉
南昌汉代海昏侯国遗址博物馆藏。2011—2016年江西南昌新建区大塘坪乡观西村海昏侯墓出土。高9厘米，宽3.5厘米。

2 鎏金龙纹钮钟·西汉
南昌汉代海昏侯国遗址博物馆藏。2011—2016年江西南昌新建区大塘坪乡观西村海昏侯墓出土。

3 错金神兽纹青铜当卢·西汉
南昌汉代海昏侯国遗址博物馆藏。2011—2016年江西南昌新建区大塘坪乡观西村海昏侯墓出土。长28.5厘米，宽8.5厘米。

是两堵单独的编钟，其中14件钮钟出土时正悬于编钟钟虡上，所以其余10枚甬钟也自当悬于一虡。这些青铜编钟造型、纹饰相近，大小依次递减，出土时整齐地悬挂在钟架上。钟体作合瓦形，腔体矮胖、浑圆，钟面多部位饰有鎏金弦纹。正面鎏金纹饰清晰，背面由于经常演奏敲击，局部发生脱落。经专业音乐团队测音，青铜编钟音律准确，五音具备，为可以演奏双音的实用乐钟。

外藏车马坑出土的五辆实用安车和二十匹马、甬道内出土的属于导车性质的两辆三马双辕彩绘偶乐车、甬道东西两侧车马库出土的属于从车性质的多部偶车马、仪仗类随伺木俑，反映了西汉列侯车舆、出行制度。特别是两辆偶乐车，一辆为配有一件实用青铜錞于和四件青铜铙的金车，一辆为配有建鼓的鼓车，这种"金车、鼓车并用"的搭配组合为西汉列侯的车舆、出行制度做了全新的诠释，而且这种出行制度可能与先秦时期的军乐有关。

在海昏侯墓中，大量工艺精湛的错金银、包金、鎏金铜器，如车马器、乐器、龙形帷帐帐钩、博山炉、连枝灯、雁鱼灯、鼎、染炉、"火锅"、"蒸馏器"、铜镜、铜镇等；玉器，如透雕龙、虎、凤纹饰的韘形佩、玉璧、玉环、玉剑具、组玉佩、玉带钩、玉耳杯、玉印等；宝石，如玛瑙、绿松石、琥珀等；图案精美的漆器，如绘制孔子及其弟子画像和记载他们生平的漆屏风、围棋盘、耳杯、扣银边的漆盘、贴金片的漆奁、漆樽、镶玉石和玛瑙的几案等；均显示出西汉时期手工业高超的工艺水平，再现了西汉时期高等级贵族的奢华生活，是西汉列侯"事死如事生"的典型标本。

特别是带有器物制造者名字、机构名称、器物大小、重量、材料与人工费用、制造时间等文字的漆器、铜器和椁板，反映了春秋战国以来手工业生产的"物勒工名"制度。另外在一件青铜豆形灯座上，清晰刻有"南昌"二字，这是关于"南昌"城的最早、最珍贵实物资料。特别是带有"昌邑食官""籍田"等文字的青铜鼎、灯，反映了西汉时期的"食官"系统、饮食文化和"重农"的祭祀制度。

在海昏侯墓为数众多的出土文物中，金器量大齐全，令人惊叹不已！这些金器以钣金、饼金、马蹄金、麟趾金四种为主，以及一些用在青铜器、漆器等器物上的黄金装饰。其中，钣金均重1千克左右，共20块，可能主要是用于襄助皇帝祭祀的"酎金"；饼金均重250克，共385块，是汉代货币中的"上币"，有一定的流通作用，但也经常用于赏赐；马蹄金48块，形似马蹄，圆形，凹底，中空，有大

1
2

1 "南昌"豆形青铜灯·西汉

南昌汉代海昏侯国遗址博物馆藏。2011—2016年江西南昌新建区大塘坪乡观西村海昏侯墓出土。灯盘外壁与灯座上均有"南昌"二字。

2 昌邑籍田铜鼎·西汉

南昌汉代海昏侯国遗址博物馆藏。2011—2016年江西南昌新建区大塘坪乡观西村海昏侯墓出土。高36.8厘米。鼎腹部刻有"昌邑籍田铜鼎容十斗重卅八斤第二"小篆铭文。此鼎是中国首次发现的西汉诸侯王国"籍田"礼仪的实物资料。

海昏侯墓出土的各类黄金制品一览

钣金 · 西汉

长约 23 厘米。钣金为矩形，素面，是西汉墓葬考古史上首次发现的黄金制物。

麟趾金 · 西汉

高 3.78 厘米。底部为椭圆形，内部中空，周壁向上斜收，口小底大，形如瑞兽麒麟之趾。采用花丝镶嵌等工艺制作，底部铸有"上""中""下"字样。

墨书饼金 · 西汉

直径约 6.5 厘米。圆形饼状。中心有墨书题记："南藩海昏侯臣贺元康三年酎金一斤。"表明其是刘贺拟奉献给汉宣帝的酎金，即汉代诸侯献给朝廷供祭祀之用的贡金，对研究汉代酎金制度有重要价值。

马蹄金 · 西汉

高 3.61 厘米。中心空洞，底部凹进，仿天马之足所铸，状如马蹄。采用花丝镶嵌等细金工艺精制，底部铸有"上""中""下"字样，是汉武帝太始二年（前 95）依祥瑞之意铸造的金器，主要被帝王用于赏赐皇室宗亲和功臣。

五铢钱·西汉

南昌汉代海昏侯国遗址博物馆藏。2011—2016 年江西南昌新建区大塘坪乡观西村海昏侯墓出土。刘贺墓钱库中的五铢钱成串码放，高达 1.8 米，总数约 400 万枚。

小之分，大者重约 260 克，小者约 40 克；麟趾金 25 块，形似靴子，椭圆形，中空，重七八十克。马蹄金和麟趾金均是应汉代的祥瑞（即汉武帝时发现的良马和麒麟）而制作，主要用于赏赐，赏赐对象一般都是各地诸侯王，但不用作流通的货币。这四种黄金总重量达 120 千克以上，超过了汉代其他墓葬出土黄金量的总和。从这个意义上，海昏侯墓无疑可以称得上是一个地下黄金之国。

然而，海昏侯墓的钱财不仅仅只有黄金，在主椁室的东北还发现了一个钱库，存放有堆积如山的铜钱，重达 10 余吨，全部是汉代标准的五铢钱。这一批铜钱告诉我们，在海昏侯的时代，一千钱串成一贯已经成为定例。

二十七天皇帝的跌宕起伏人生

一座列侯的坟墓，除了奢华的青铜器、漆器、玉器等文物之外，还陪葬着如此大量的黄金和铜钱，这在已发掘的汉代墓葬中从无先例，实在令人疑惑：海昏侯这么"土豪"到底是为什么？

专家们给出了一些解释，比如他的封地海昏侯国位于汉代豫章郡的鄱阳地区，矿产资源非常丰富，有可能就地开采黄金；他本身是列侯的身份，而文献中又确实有不少皇帝赏赐各地王侯的记录，比如海昏侯生活的汉昭帝、汉宣帝时代，身为昌邑王或海昏侯的刘贺曾多次接受皇帝赏赐，所赐之物大多以黄金为主，也包括铜钱、酒等。

刘贺这么"土豪"或许还同他跌宕起伏的人生经历密切相关。

刘贺生活在汉代中期，他的父亲是第一代昌邑王刘髆，爷爷正是汉武帝，奶奶则是汉武帝晚年十分宠爱的李夫人。有一次，汉武帝在宫中听到音乐家、舞蹈家李延年唱起这么一首歌："北方有佳人，绝世而独立，一顾倾人城，再顾倾人国。宁不知倾城与倾国，佳人难再得！"他感慨地说道："世间难道真有这样的佳人吗？"武帝的姐姐平阳公主说，李延年的妹妹就是这么一位能歌善舞的佳人。后来，武帝将这位佳人接入宫中，这就是李夫人。武帝对李夫人异常宠爱，给予大量赏赐。在李夫人去世之后，武帝将她葬在自己的茂陵之中，而且是茂陵中属于皇后的位置。为了表达对李夫人的思念，武帝甚至还找来方士召请李夫人的魂魄，为此

刻符号饼金·西汉
南昌汉代海昏侯国遗址博物馆藏。直径6.3厘米。戳印或刻有"V"形和文字符号。

写下了情真意切的《李夫人赋》。所以，李夫人临死之前嘱托武帝照顾好自己的儿子刘髆，武帝应该确实做到了。他封刘髆为昌邑王，封地昌邑国在今天山东省巨野县，是位于中原核心地区的诸侯国。

不过，昌邑王刘髆享年不长，后元元年（前88）便已去世，他的儿子刘贺继承了昌邑王之位，同时也继承了昌邑国的财富，其中或许还有李夫人的遗泽。

当刘贺坐上昌邑王之位时，年仅四五岁，这个时候他没有意识到，汉代中期风云变幻的一段历史即将揭开序幕。公元前91年，太子刘据谋反自杀，武帝失去了培养32年的继承人。公元前87年，武帝去世，遗命年幼的昭帝继位，由大司马大将军霍光辅政。公元前74年，昭帝英年早逝，没有后代。仓促之间，霍光等人决定在武帝的血脉中寻找继承人，发现昌邑王刘贺最为合适。于是，当时十八九岁的刘贺莫名其妙地到了都城长安，坐上了皇帝的宝座。

14年的昌邑王生涯或许并没有培养出严格的礼仪规矩或政治才能，史书上记载，在一路到长安继位的过程中，哪怕有辅臣进谏，刘贺依然我行我素，不肯执行规定的礼仪。结果，在继位27日之后，刘贺被霍光等人废除了帝位，贬为庶人。在公开的废位诏书上，霍光等人批评刘贺"失帝王礼谊，乱汉制度"，不但干了1127件昏聩无礼的事情，还毫无道理地惩治了劝谏他的夏侯胜、傅嘉。不过，尽管身份从皇帝一下子变成庶人，但刘贺依然保留了部分封地，应该也保留了父亲留给他的巨额财富。

1 辟邪形琥珀饰·西汉
南昌汉代海昏侯国遗址博物馆藏。长2厘米，宽1厘米。形似辟邪，伏地，四腿弯曲，造型憨态可掬。

2 "昌邑食官"鎏金青铜钟·西汉
南昌汉代海昏侯国遗址博物馆藏。器身表面鎏金，腹部刻有铭文"昌邑食官钟容重廿九斤六两"。

公元前63年，刘贺大约30岁。宣帝在察知他没有谋乱的迹象后，下诏封他为海昏侯，封地在遥远的南方豫章郡海昏县，给了他四千的封户。于是，刘贺带着他所有的财富，来到了这个陌生的侯国，度过了他人生最后的4年。或许正因为如此，刘贺在去世后，他也能够将巨额的财富带入地下，展示于2000多年后世人的面前。

时至今日，借助海昏侯墓的发掘，我们可以再度审视刘贺这个一生中先后经历了诸侯王、皇帝、庶人、列侯四种身份变化的古人，他真的是史书上权力斗争中的那个狂悖昏庸的人吗？他的墓葬中那些可能弥补传世文献的简牍是否可以让人们转变对他的印象呢？或许我们可以继续进行研究和探索。

曹操七十二疑冢的终结

安阳高陵

2009年,位于河南安阳的一座墓葬的发掘引起了前所未有的争议,争议时间之长、争议头绪之多、参与人员之广泛,在中国考古史上绝无仅有,时至今日,关于墓主是不是曹操的争议之声依旧不绝。不过,墓葬的形制、出土文物等基本情况已经摆在眼前,这些能够"说话"的证据是否能够拨开重重迷雾,让我们看清争议背后的真相呢?

曹操墓的发掘：奢华过后的极致俭朴

曹操墓的位置在河南省安阳市，从安阳市往西北方向越过殷墟、南水北调中线总干渠，就是安阳县安丰乡，在安丰乡的西北方向、漳河南岸，有一个地势较高的村子，叫作西高穴村，距离安阳市约15千米，曹操墓就在这里。

2008年，墓葬西面的砖场取土区由于挖掘太深，似乎渐渐露出了一些墓葬的痕迹，立刻引发了多次非法的盗掘行为，甚至有一些画像石等文物流散出来，引起了文物部门的注意。为此，国家文物局批准河南省文物考古研究所在年底开始了抢救性

《七女复仇》画像石·东汉

曹操高陵管理委员会藏。河南安阳安丰乡西高穴村曹操高陵出土。长118厘米，宽78厘米，厚15厘米。此画像石原系曹操高陵墓中之物。河南省安阳县公安局2009年在打击倒卖文物行动中收缴。

发掘，共清理了两座墓葬，其中被编为2号墓的就是争议最大的曹操墓。由于《三国志》记载，曹操"二月丁卯，葬高陵"，因此，这座墓葬也称曹操高陵。

曹操高陵的发掘持续到2011年6月，发掘结果有几个方面值得注意：

第一，墓葬的规模较大。墓葬整体呈甲字形，为多室砖室墓，主要包括墓道、前室和后室，前后室均有南北耳室。整座墓全长近60米，占地总面积约740平方米，尤其斜坡状的墓道极长，达39.5米，最深处达15米左右。这种规模大致等同于东汉的诸侯王陵，略小于东汉帝陵。

第二，墓主尸骨的情况。在前室发现一个头骨，经鉴定，是一个60岁左右的男性；后室发现两具女性尸骨，分别为20岁和50岁左右。

第三，墓中文物的情况。曹操高陵多次被盗掘，使得墓

中文物的原始位置和数量均受到了影响，但并不妨碍我们从这些文物的角度对墓葬做一个整体的判断。经清理，曹操墓共出土可复原的遗物约400件，以石器、陶器、铁器为主，另有一些金银玉器、骨器、漆器、瓷器等。

值得注意的是，石器等墓中主要的文物在汉魏时期的实际价值并不高，而以金、银、玉、铜这些价值较高的材质制作出来的物品基本都是其他物品的装饰佩件。比如，金、银器有箱饰件、铺首、环、金纽扣、簧、金丝等，是箱子、门户、服饰等物品上的装饰部件；玉器有璧、珠、玛瑙饼、水晶珠、玛瑙珠、玉觽佩等，均为服饰上的小饰物；铜器有鎏金盖弓帽、伞帽、铃、带钩、铺首、环、钗、泡钉、带扣、印符等，是车马部件以及门户、服饰等的装饰物。也就是说，以上贵重材料或许只是因为附着在其他物品之上才被带入墓中，并没有纯以贵重材料制作出来的独立物品。

1	4
2	
3	

1 曹操高陵航拍图

2 曹操高陵墓道发掘现场

3 曹操高陵出土头骨残块

河南安阳安丰乡西高穴村曹操高陵出土。出土时，头骨已经破裂成数块，面部不存，但是仍然能够看出其大致形状。经鉴定，该头骨为男性，年龄60岁左右。

4 曹操高陵墓室考古现场

曹操去世之前长期"挟天子以令诸侯",执掌汉朝大权,且被封为魏王,除了名义上的汉朝皇帝,其身份之高贵,不作第二人想,为何陪葬物品如此"寒酸"?就连墓室的建设,也远远比不上汉代的中山靖王、广阳顷王等诸侯王,没有金缕玉衣,没有黄肠题凑,也没有高大的封土与广阔的陵园。

或许他的墓葬体现出来的正是汉代厚葬之后的薄葬,是异常奢华过后的极致俭朴。

汉代崇尚孝道,讲究"事死如事生",自皇帝以下,无不施行厚葬,以至于目前已发现的诸多汉代墓葬,如马王堆汉墓、满城中山王墓、海昏侯墓等,都充满了金、银、玉、漆器以及丝织物等奢华的陪葬品,连地处南国的南越王墓也不例外。尚未发掘却见诸文献的更是不胜枚举。

此风之盛行,引发了严重的盗墓行为。西汉时期,传闻汉武帝下葬之后四年,曾陪葬入茂陵的"玉箱""玉杖"就出现在了扶风的市场上。两汉之间,起事反王莽的赤眉军在攻入长安后,甚至将西汉的帝陵肆意毁坏盗掘。东汉时期的盗墓之风更是甚嚣尘上,尤其是东汉末年军阀割据时期,各地军阀为了获取充足的军费,盗掘墓葬几乎成为公开的秘密。董卓挟

1 | |
2 | 3

1 白瓷罐·东汉
河南省文物考古研究院藏。河南安阳安丰乡西高穴村曹操高陵出土。高 13.4 厘米。罐为低领，圆唇，直口，溜肩，四系，圆鼓腹，大平底。口部外沿有一圈凸弦纹。肩部四周等距离附四个桥形系，在肩部和腹上部各有一组水波纹。

2 叶状银饰件·东汉
河南省文物考古研究院藏。河南安阳安丰乡西高穴村曹操高陵出土。长 12.95 厘米。扁平叶状，前部为锐三角形，尖部锐利，颈部连接在一弯曲的叶干上，叶干较窄，两边为卷齿状。

3 青玉勾连云纹戈·西汉
河南博物院藏。1986 年河南永城僖山一号汉墓出土。通长 18.3 厘米，宽 10 厘米，厚 0.5 厘米。永城僖山是梁孝王墓所在地，曹操就曾组织大规模的队伍盗掘梁孝王墓。

持献帝迁都长安，洛阳被焚毁一空，洛阳附近的陵墓更是遭到了洗劫。孙吴政权在江东也曾盗掘西汉初期长沙王吴芮的墓，竟然是为了修建孙权的宗庙。袁绍发布檄文讨伐曹操，便指责曹操发掘汉墓以获取财富。曹操甚至为此还专门建立了一支军队，军队中设置有发丘中郎将、摸金校尉两个军职，官名与盗掘坟墓直接相关。

最终，这种盗墓之风的盛行也扭转了葬俗。曹操生前就已经在刻意讲求节俭，临死之前要求自己的陵墓"因高为基，不封不树"，"敛以时服，无藏金玉珍宝"。魏文帝曹丕可能亲眼见证了盗掘的恶劣行为，在继位之后，他特意为营建自己的陵墓做了规定，要求自己的墓葬"无施苇炭，无藏金银铜铁，一以瓦器……饭含无以珠玉，无施珠襦玉匣"，也就是要求自己的陵墓施行薄葬。或许正是为了贯彻曹操的遗志和倡导薄葬，曹丕在给曹操下葬之时，陪葬品并无贵重材料制品，大约也就是我们今天所看到的模样。

曹操墓的判定：争议之人再陷争议

因为《三国演义》的原因，中国人对三国的历史和曹操这个历史人物有着异乎寻常的关注，这些关注带来了各种各样的传闻、演绎和文学化的书写，以至于曹操几乎成了中国古代争议最多的历史人物。

曹操的形象有争议。《三国志》花了大量笔墨书写曹操，在那里，他是一个政治家、军事家、诗人和书法家，他"军无幸胜""知人善察""文武并施""雅性节俭"。然而，在《三国志》成书的魏晋南北朝时期，诸如《曹瞒传》等一些史料却写出了曹操欺叔瞒父、轻佻滥杀的一面。如此矛盾的史料代代相传，哪怕《三国志》最终位列"二十四史"，也不能扭转《三国演义》对曹操的"妖魔化"处理。

曹操的墓葬自古以来也有争议，这就是"七十二疑冢"。从心理上说，曹操本人盗掘了诸多汉墓，以己度人，未必没有担心他人盗掘自己陵墓的心思，因此，他要求薄葬，应有预防

曹操像·清

曹操（155—220），字孟德，小名吉利，小字阿瞒，沛国谯县（今安徽亳州）人。东汉末年著名的权臣、军事家、政治家、文学家和诗人，三国时代曹魏奠基者。曹操于建安年间权倾天下，在世时官至司空、大将军，自任丞相，爵至魏王，谥号武王。

被盗的考虑。这一考虑短时间是起到了作用的，宋代以前似乎没有关于曹操墓的疑传。甚至在唐朝，太宗还曾到邺（今河南安阳市北、河北临漳县南，三国时期曾是曹魏的陪都，今曹操高陵即位于古邺城范围内）祭拜过曹操墓，写过一篇祭文，可能就是《全唐文》中的《祭魏太祖文》。可是，从宋代开始，曹操墓就出现所谓"七十二疑冢"的说法。南宋爱国文人罗大经编有《鹤林玉露》一书，他在书中说："漳河上有七十二冢，相传云曹操冢也。"自此以后，元明清时期许多人的诗文中均提及"七十二疑冢"，后来《三国演义》和《聊斋志异》相继采用这个素材，使得"七十二疑冢"之说越发玄奇。但经考古工作者调查发掘证实，"漳河上"的墓葬群其实是北朝时期的一批墓葬，包括高润墓、茹茹公主墓等，与曹操根本没有什么关系。

2009年12月，在国家文物局的指导下，河南省文物局和安阳市政府在北京召开"安阳西高穴大墓考古发现新闻发布会"，正式宣布发现了曹操高陵。谁也没有料到，这一次新闻发布会却引发了甚至可以称得上是"全民参与"的大讨论，曹操这个争议之人再度陷入争议。

毫无疑问，争议的焦点只有一个：这个西高穴2号墓是不是曹操墓？质疑的声音很多，理由不外乎墓中石牌上"魏武王"的称谓、鲁潜墓志的真伪、石牌铭文的书法风格、曹操墓的方位等有问题。不过，考古专家王巍、刘庆柱等人以及高陵考古队队长潘伟斌等人均认为西高穴2号墓认定为曹操墓没有问题，这是因为传世文献、墓中文物以及墓葬形制等几个方面均将墓主指向曹操，证据已经十分完整。

根据《三国志》的记载，曹操生前曾留下两道关于自己寿陵的命令。汉献帝建安二十三年（218）六月，曹操发布"终令"："古之葬者，必居瘠薄之地。其规西门豹祠西原上为寿陵，因高为基，不封不树。"去世之前，曹操又发布"遗令"："天下尚未安定，未得遵古也。葬毕，皆除服。其将兵屯戍者，皆不得离屯部。有司各率乃职。敛以时服，无藏金玉珍宝。"这两道命令给我们今天鉴定曹操墓提供了不少的依据，是主要的地上材料。

鲁潜墓志拓本

1998年4月，河南安阳安丰乡西高穴村村民徐玉超在其家附近，发现了一通墓志《鲁潜墓志》。该墓志为青石质，高0.21米、宽0.31米，志文共14行计126字。作为一通晋末墓志铭，《鲁潜墓志》按说应是极平常的，然因其记载有与曹操墓相关的信息，从而备受关注。墓志上铭文载："墓在高决桥陌西行一千四百廿步，南下去陌一百七十步，故魏武帝陵西北角西行卌三步，北迴至墓明堂二百五十步。"考古专家据此推断，这里所说的"魏武帝陵"应该就是高陵（西陵）。

地下材料有更多可以"说话"的证据

从墓葬位置来看，西高穴2号墓位于今天安阳县安丰乡，这里位于邺城以西，往东约10千米正是西门豹祠，即"西门豹祠西原上"；墓葬位于略高的土台上，即"因高为基"；墓葬没有封土，没有种植成片松柏树木，即"不封不树"。1998年，安丰乡西高穴村有村民在曹操高陵西北发现后赵驸马都尉鲁潜的墓志，此人去世的时间在曹操之后125年，其墓志说曹操的墓在西南往东43步，正在今天西高穴2号墓的位置，可算是曹操墓方位的一个旁证。从出土文物的角度来看，具有明显的简葬风格，与"遗令"中"无藏金玉珍宝"的要求一致。墓中出土了12件陶鼎，这是东汉时期皇帝下葬的礼仪"瓦鼎十二"，《三国志》也确实记载，曹操在生前已经被汉献帝赏赐了天子礼仪，"天子命王（即魏王曹操）冕十二旒，乘金根车，驾六马，设五时副车"，符合曹操生前的待遇。曹操墓中出土了大量的铁器，以兵器居多，证明墓主生前与军事关系密切。同时，墓中还有墨饼、书案、陶砚等文房用具，又说明墓主生前还有一定文化修养。这两个方面符合曹操生前既是政治家、军事家，同时也是文学家、书法家的身份。墓中还有多块带有"魏武王"铭文的石牌，而曹操生前已经被晋封为"魏王"，死后的谥号恰好是"武"，可能是仪仗用品。墓中出土的其他陶器是典型的东汉器物，均为临时陪葬烧制。所有陶器不施彩绘，符合曹植在为父亲撰写的《武帝诔》中的描述："明器无饰，陶素是嘉。"所以，从出土文物的角度来说，东汉时期具有天子待遇、文武双全、死后谥称"魏武王"且符合曹植《武帝诔》描述的,只有曹操一人。

最后,从墓主尸骨来看,鉴定为60岁左右的男性与史书记载曹操66岁去世相当。更有趣的是,曹操生前有所谓"头风"之病,还请了名医华佗医治,最终却未能痊愈,以至于《三国演义》还演绎出华佗欲用利斧劈开曹操头颅治病的故事。西高穴2号墓出土了一件石枕(系被盗文物,与墓中文物风格一致,可认定为出土文物),刻有"魏武王常所用慰项石"9个字,似乎正是针对有头颈部位疾病之人而制,可算是又一个曹操墓的旁证了。

近代国学大师王国维先生首倡二重证据法,以"纸上之材料"结合"地下之新材料"来证史研史,开创了史学研究的新局面。曹操墓的判定无疑是二重证据法的绝佳应用,科学地证实了西高穴2号墓正是曹操高陵。

"魏武王常所用挌虎大戟"石牌·东汉
河南省文物考古研究院藏。2009年河南安阳西高穴曹操高陵出土。墓葬当中出土大量刻铭石牌,有长方形及圭形等,共计59件。其中8件石圭为确定墓主身份提供了重要依据,其中刻有"魏武王常所用挌虎大戟""魏武王常所用挌虎大刀"以及"魏武王常所用挌虎短矛"等。

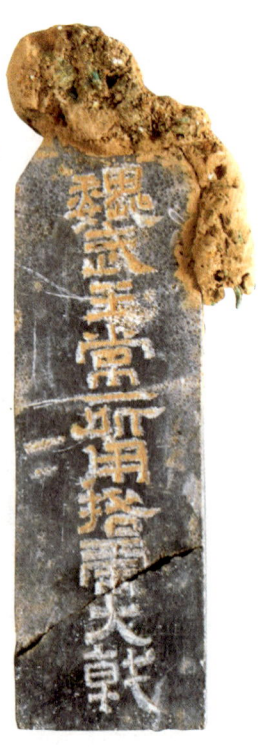

法门寺地宫

惊世发现串起文明"珠链"

细数1949年以来的考古发现,能称得上"惊世"的屈指可数:秦始皇陵兵马俑、三星堆、曾侯乙墓、南越王墓……还有法门寺地宫!珍藏了全世界唯一的释迦牟尼佛指舍利;近半数的唐朝皇帝迎奉过法门寺佛指舍利,跨度超过200年;出土了大量的奇珍异宝;具有极其重要的历史、人文和社会价值:法门寺地宫出土的文物像珠链一般,串起了一段段灿烂的中华文明。

倾倒佛塔下的惊世发现

很少有一场大雨能被人们记住,然而1981年8月底,陕西省扶风县的那一场却刻进了人们的记忆,更载入了史册。24日那天,随着几声巨响,法门寺中的"真身宝塔"向西南方坍塌约三分之一。佛像跌落,佛经飘散。

第一时间出现在现场的是扶风县驻法门寺文管所唯一的文管员王志英和法门寺住持澄观法师,他们率领僧众奔于塔下,搬砖运石,抢救文物。很多宝塔村的村民也纷纷赶来,迅速投入到抢救文物的行列中。随后,王志英立即到县博物馆和文化局向上级领导做了汇报;扶风县文化局立即派人前往省城西安,向陕西省文物局和陕西省考古研究所做了汇报;省文物局委派相关人员前往法门寺作实地勘察。当情

况基本弄清后,便命人找来几十块大塑料布,将倒塌的残迹覆盖,并叮嘱王志英、澄观法师等照料保护好残塔,然后驱车回西安汇报。县文化局领导指示,将抢救出的部分文物运到县博物馆保存……然后,这个在今天被视为惊世的发现却悄无声息了,直到半年后,1982年的4月。

法门寺"真身宝塔"在不同人的心目中地位是不一样的。对于宝塔村的村民而言,宝塔就是村的象征,是家乡风水的象征,是精神的寄托;对于扶风县博物馆和文化局而言,看护宝塔是他们重要的工作职责;对陕西省文物局和考古研究所来说,与陕西省众多的国家级文物保护单位相比,作为省级文物保护单位的法门寺,在他们心中的地位绝不会像宝塔村民那样高。更何况,工作并没有停止,只是按部就班地进行着。如果,只是如果,他们知道宝塔地宫中埋藏着震惊世界的宝藏……

1 半壁倒塌的法门寺真身佛塔

法门寺塔,又名"真身宝塔",塔初建时名阿育王塔,唐贞观年间改建成四级木塔,后因地震倒塌。1579年扶风县佛教徒募化钱财,重建真身宝塔,历时30年,将原来木塔改建为八棱十三层砖塔。1981年,佛塔在大雨中倒塌。

2 禅定佛造像·明万历

法门寺博物馆藏。1982年陕西扶风法门寺佛塔佛龛出土。高46.5厘米。佛像为铜铸,螺髻,额有白毫,披袈裟,袒胸,胸前有卍字,结跏趺坐,身下为仰莲座,下承圈座。背部铸有铭文:"万历二十年吉造佛尊,信士晁宗元、晁宗利、晁宗真。"

在文保工作者的共同努力下，在宝塔村民的热切盼望中，经陕西省人民政府批准，在省、市文物局指导下，西北大学历史系、扶风县博物馆对坍塌废墟进行了清理。经过3年多的工作，共清理出铜佛像48尊、石佛像1尊，南宋时期刊刻的《毗卢藏》《普宁藏》《秘密经》和近代的《金刚般若波罗蜜多经》《妙法莲华经》《佛说父母恩难报经》等，还有一枚民国二十年（1931）印有孙中山头像的银币。1985年7月1日，陕西省人民政府决定拆除残塔5至13层，保留稳定部分，并责成扶风县博物馆对残塔佛龛中以及废墟中遗留下来的遗物进行彻底清理。共清理出铜佛造像50尊，石佛像2尊，泥像2尊，铜舍利塔1座，《毗卢藏》残卷4卷、《普宁藏》183卷、清代《妙法莲华经》7卷。

1986年12月，陕西省人民政府决定重新恢复法门寺明代真身宝塔，责成陕西省文物局组成考古队负责重建前的地基清理工程。省文物局通知省考古队、宝鸡市文化局、扶风县文化局，组建省、市、县三级考古队，正式发掘清理工作等待严冬过后即可进行。1987年2月28日，法门寺真身宝塔地基清理工作正式开始。

经过一个多月的前期清理，1987年4月3日上午10时45分，一个"惊世"的时刻来临了。当考古人员移掉西北角裂断的石块时，其下的深洞在手电筒光的照射下发出闪闪金光！现场人员立即意识到，原本以为的"青铜"，竟然变成了"王者"！这种"金钱布地"说

2
3
1

1 法门寺宝塔地宫石室楼梯上的"金钱布地"

2 鎏金银羹碗子·唐

法门寺博物馆藏。1987年陕西扶风法门寺真身宝塔地宫出土。通高9.8厘米。由盖、碗和圈足三部分组成。

3 鎏金壶门座银波罗子·唐

法门寺博物馆藏。1987年陕西扶风法门寺真身宝塔地宫出土。波罗子俗称"套盒",最初为用于佛门供养的果食器。法门寺地宫出土的波罗子为五件一组套装。五件套盒以子母口扣合。单盒为直口、浅腹、平底,壶门座圈足。

明这里极可能是一个皇家级的地宫,自己将面对一次极其重大的考古发现!他们紧急商议后决定:严格保密,不得泄露于外人;同时立即派人赴西安汇报,安排保卫力量,等待省里来人决定下一步发掘方案。当晚10时,又一批考古专家从西安赶到工地。专家们在详细了解了前段发掘情况后,调集了更多的考古人员,制定了更细致的发掘方案,安排了更严格的保护措施。历经数十天的考古发掘,5月14日,法门寺地宫室内整理进入扫尾工作。

据不完全统计,法门寺地宫除出土4枚佛骨外,还出土金银器121件、琉璃器20件、珍珠宝石近400件(颗)、瓷器17件、石质文物12件、漆木器及杂器19件、铁器和骨器文物若干件,各类铜钱几万枚,还有大批丝织品及衣物。这批珍贵文物出土后,立即震惊了各界。包括历史、文物、佛教、美术、陶瓷等各界学者专家一致认为，法门寺地宫的考古发掘是世界文化史上的一件大事，与秦兵马俑、长沙马王堆汉墓具有同等重要的考古价值。

佛指舍利与大唐兴衰

是什么原因使得唐代的多位皇帝反复迎送、供奉法门寺地宫中的佛骨呢？这还要从佛教的早期发展说起。

自从释迦牟尼涅槃之后，佛舍利的存在象征着"遗教不灭"，佛舍利作为佛法的象征被保存、传播和供养。据佛教典籍记载，公元前3世纪，阿育王统一印度后，大力弘扬佛法，将佛舍利分成84000份，分送世界各国并建塔供奉。其中，中国境内的有十九处，法门寺所在处的阿育王塔为第五处。

对佛舍利的供奉与华夏民族祭天祭祖的传统相似，所以很快被接受。西魏恭帝二年（555），岐州牧拓跋育增建山门和殿堂，供养舍利，把"阿育王寺"变成供养佛舍利的具有官方色彩的寺院。隋文帝极力推广佛教，于开皇年间将法门寺改称为"成实寺"。在这样的背景下，隋仁寿四年（604），岐州刺史李敏再启塔基，供养舍利。虽然这两次奉养影响并不大，但也为后来所谓的"三十年一开，则岁谷稔而兵戈息"的传说打下了基础，以至于影响到唐朝多代帝王的供奉。自唐太宗贞观五年开始，包括太宗、高宗、武则天、中宗、肃宗、德宗、宪宗、懿宗、僖宗等多位皇帝，多次开启法门寺塔

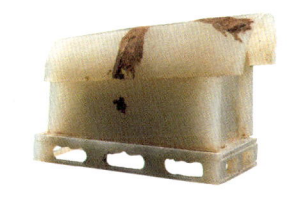

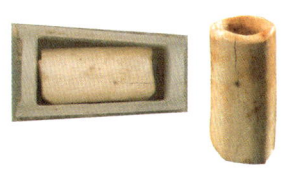

1 鎏金折枝团花纹银碟·唐

法门寺博物馆藏。1987年陕西扶风法门寺真身宝塔地宫出土。高1.9厘米，口径11.1厘米。

2 佛指舍利及玉棺·唐

法门寺博物馆藏。1987年陕西扶风法门寺真身宝塔地宫出土。这枚舍利就是被称为"灵骨""金骨"的真身舍利。

地宫供养佛指舍利。

贞观五年（631），岐州刺史张德亮上书："法门寺塔舍利三十年开启一次，开则岁岁丰收政通人和。"请求开启法门寺塔，供养真身舍利，得到太宗敕许，由此开唐代诸帝供奉之先河。然而这次供养只是在法门寺进行，并没有迎奉至长安。

唐高宗李治是第一位将法门寺佛指舍利迎入京城供奉的唐朝皇帝。据《集神州三宝感通录》记载，659年，有僧人对高宗谈及法门寺佛指舍利"三十年一开示"之事，称自贞观初年至今已满三十年，因此请求迎出舍利供奉，得高宗敕准。佛指舍利被迎奉到东都洛阳大内供养，并派遣京师僧人前往行道，后又将舍利出示道俗，供养活动极为盛大。《集神州三宝感通录》中的描写极具奇幻色彩，如果引为实据的话，则高宗迎奉舍利之时，法门寺地宫并不具备三间石室的规模，佛指舍利的描述也在此时出现。三年后舍利送还之前，高宗还命人对法门寺塔进行了修葺，地宫形成了前、中、后三室的主体结构。

中国历史上唯一的正统女皇帝武则天自幼便与佛教结缘，从太宗的才人到高宗的皇后，再到废唐立周，改制称帝；从被迫进入感业寺，到迎奉法门寺佛骨，再到龙门开窟造像，武氏得益于佛教颇多。660年，当高宗迎奉法门寺佛指舍利至东都洛阳供养之时，武则天就"舍所寝衣帐直绢一千匹，为舍利造金棺银椁，数有九重，雕镂穷奇"。长安四年（704），迟暮之年的武则天依"三十年一开示"的惯例，再次下令举行了声势浩大的迎奉佛骨活动。佛指舍利先后在西京长安和东都洛阳供奉，京中皇亲、高僧、官员、百姓都加入到盛大的瞻礼膜拜之中，供奉的奇珍异宝无数。武则天就在这种虔诚的祈祷中，祈盼江山永固，帝运长久。

然而，这次供奉活动还没有结束，武则天便去世了，继承皇位的唐中宗李显延续了此次佛指舍利的迎奉活动。708年，佛指舍利被送回法门寺塔地宫。为表达虔诚，中宗和韦后还将自己的头发剪下，放入石匣之中，又造了白石灵帐一铺，一同供奉在塔下。与武则天"舍所寝衣帐"相比，中宗和韦后供奉"身体发肤"的方式表达出更多的虔诚。

紫红罗地蹙金绣裙·唐
法门寺博物馆藏。1987年陕西扶风法门寺真身宝塔地宫出土。腰带长17厘米，宽1.6厘米。裙上腰宽7.4厘米，下摆宽11.6厘米。

鎏金双狮纹菱弧形圈足银盒·唐

法门寺博物馆藏。1987年陕西扶风法门寺真身宝塔地宫出土。高11.2厘米。盒体呈菱弧形，直壁，浅腹，平底，喇叭形圈足。盖、身上下对称，以子母口扣合。圈足外底錾文："进奉延庆节金花陆寸方合壹具，重贰拾两，江南西道都团练观察处置等使臣李进。"

唐玄宗继位后，仍然采取奉佛的政策，开元年间的寺院数量比唐初几乎多了一倍。印度僧人善无畏、金刚智、不空相继来到长安，传播密教，受到玄宗优礼。虽然不见玄宗对法门寺佛骨供奉的记载，但在地宫前室北部出土了一件"开元廿九年盝顶石函"，内藏佛幡一幅和开元通宝铜钱153枚。开元廿九年为公元741年，极有可能是玄宗遵"三十年一开"的传统而进行了供奉活动。

"安史之乱"发生后的第二年，肃宗继位。他一方面组织军事力量平叛，另一方面寻求精神力量的支持，供奉佛指舍利既可以宣扬皇权的正统，又能得到佛祖的庇佑。于是，肃宗在至德二年（757）和上元元年（760）两次迎奉佛骨，前后相距仅三年时间，打破了法门寺塔地宫"三十年一开"的惯例。然而，这两次迎奉佛骨都处于平叛战局的关键点。在大唐王朝的危难时期，佛指舍利成为凝聚人心、鼓舞士气的护国法宝，史书上所称的"护国真身塔"应源于此。所以，唐代晚期迎奉佛骨之风愈演愈烈也就不足为奇了。

790年，唐德宗依法门寺真身宝塔"三十年一开"的惯例，迎奉佛指舍利入宫供养。这种步入垂暮之际所采取的治民之术，虽耗费巨大，但起到了安抚人心和巩固政权的作用。

唐宪宗元和十四年（819），太监杜英奇上书提及法门寺地宫"三十年一开，则岁丰人和"的"祖制"。在感恩、祈福等多种因素作用下，宪宗敕令杜英奇迎奉佛骨进宫，再送到京城十座寺院巡瞻。众所周知，每次迎奉活动都耗资巨大，这对于刚现"中兴"的唐王朝无异于雪上加霜，于是发生了历史上著名的"韩愈谏佛"事件。"韩愈谏佛"不仅揭露了迎奉佛骨之弊，揭露了宦官干政之弊，更体现了韩愈正直不阿、秉笔直言的品德，并留下了一首荡气回肠的诗篇："一封朝奏九重天，夕贬潮阳路八千。欲为圣明除弊事，肯将衰朽惜残年。云横秦岭家何在？雪拥蓝关马不前。知汝远来应有意，好收吾骨瘴江边。"

法门寺地宫清理现场

迦陵频伽纹金钵盂·唐

法门寺博物馆藏。1987年陕西扶风法门寺真身宝塔地宫出土。高3.3厘米，口径9.4厘米。

佛指舍利真骨和影骨

法门寺博物馆藏。1987年陕西扶风法门寺真身宝塔地宫出土。

在从崇佛到佞佛的过程中，寺院和僧人得到了更多的权力和利益，对宦官的倚重更加重了百姓生活的痛苦和国家治理的艰难。韩愈的担心终于在宪宗迎奉佛骨二十年后演变成"会昌灭佛"。自840年开始，笃信道教的武宗一反"三十年一开"的祖制，明令禁止对法门寺佛指舍利的供养，甚至把毁佛的矛头直指法门寺佛指舍利。武宗不仅敕令打开地宫，取走宝物，甚至命令砸碎舍利。万幸的是，执行人悄悄地把真身指骨换成了影骨，并将真身指骨舍利隐藏于地宫之中。考古发掘发现，地宫中室的两扇石门状态并不一致，一扇未被完全破坏，而另一扇则是重制的，应是受"会昌灭佛"的影响。

影骨被毁后，迎奉法门寺佛指舍利便不再被提起，直到唐懿宗咸通十二年（871）八月十九日。这一天，有僧人在法门寺塔下结坛供佛，在地宫旧隧道的西北角重获佛指舍利。本就崇佛的懿宗听到奏报后，立刻敕令修缮地宫，重新安奉佛指舍利。著名密教阿阇梨"遍觉大师"智慧轮打造金银宝函安放舍利，并供养金银密教法器；比丘智英敬造"鎏金四十五尊造像银金涂盏"以供养。翌年，懿宗按照法门寺"三十年一开"的传统，迎奉舍利入宫供养。尽管有大臣不断劝谏，但懿宗仍然一意孤行。873年，以盛大规模将佛指舍利迎入京城。入城那日，唐懿宗亲自迎接，供奉"迎真身银金花双轮十二环锡杖"和"迎真身纯金钵盂"。佛指舍利入宫时，被安放于一尊专门打造的鎏金银菩萨捧持的银匾上。

唐懿宗不仅在皇宫中供奉佛指舍利三天，还将真身舍利送到京城的寺院让百姓瞻仰，规模极为盛大。但是，供奉活动尚未结束，懿宗就病逝了。一年后，继位的唐僖宗将真身舍利连同供奉的珍宝一同送返法门寺地宫。为了保护真身舍利，特地制作了三枚影骨，与真身舍利一起安放在地宫之中。为掩人耳目，将一枚影骨用八重宝函进行装饰，而真身舍利只使用了五重宝函，安放于密龛之中。如果不是考古工作者认真仔细，找到了真身指骨舍利，都有可能被迷惑。

唐昭宗李晔被朱温所杀时，距僖宗将佛指舍利送还法门寺地宫整整30年，行将就木的唐王朝不可能再遵"三十年一开"的旧制，法门寺地宫再也没有开启过，变成了不解之谜。

地宫宝藏穿起的文明珠链

虽然在明代晚期重建法门寺塔和民国时期修葺法门寺塔时都发现了地宫，但谁都没有进入地宫，而是立即掩埋并严格封锁消息，使地宫珍品可以保存至今。

唐僖宗送还佛指舍利时，负责的太监在地宫甬道放置了《志文碑》和《物帐碑》。其中，《物帐碑》详细记载了懿宗、

法门寺物帐碑·唐

法门寺博物馆藏。1987年陕西扶风法门寺真身宝塔地宫出土。此碑全称《应从重真寺随真身供养道具及恩赐金银器物宝函等并新恩赐到金银宝器衣物帐碑》,碑文详细记录了唐懿宗和唐僖宗供奉舍利的物品的品名、数量、规格、质地及供奉者姓名。

僖宗、惠安皇太后、昭仪、晋国夫人等皇亲国戚,以及内臣和僧官供奉佛指舍利的器物共2499件,碑文清晰,物品罗列明晰。若按材质分类,可分为金银、石、玉、水晶、木、丝绸、铜、贝等;若按外形分类,可分为函、盘、碗、碟、碑、盏、杖、帐、造像等;若按功能分类,可分为服饰、茶饮、装藏、祭祀、祈福等,地宫出土文物为研究唐代政治、经济、文化提供了丰富资料,是名副其实的文明珠链。

《物帐碑》中记录了大量的金银器,共121件,有代表性的包括:存放第一枚影骨的纯金塔,存放第一枚影骨的鎏金四

鎏金双蜂团花纹镂空银香囊·唐

法门寺博物馆藏。1987年陕西扶风法门寺真身宝塔地宫出土。香囊由两个半球组成,以合页铰链相连,由钩状司前控制开合。下半球内装有两个同心圆机环和一个盛放香料的香盂。大的机环与外层球壁连接,小机环分别与大机环和香盂相连。使用时,由于香盂本身的重力作用和两个同心圆机环的机械平衡,无论香球如何滚动,里面的香盂都可以保持水平状态,香灰不会倾撒。香囊通体为镂空的阔叶纹样,上下球体均饰五朵双蜂纹团花,冠饰四蜂纹团花,球底饰折枝团花,香气就是通过这些镂孔袅袅散发出来的。

天王盝顶银宝函，存放第四枚影骨的鎏金铜浮屠，捧真身菩萨，迎真身金钵盂，鎏金铜熏炉，银金花双轮十二环锡杖，鎏金双蜂团花纹镂空银香囊等。

特别值得一提的是，银金花双轮十二环锡杖是唐懿宗专门为迎奉佛指舍利而打造，长 1.96 米，重 2390 克。锡杖尊体由复莲八瓣组成，锡杖下端有三栏团花纹饰，栏之间以珠纹为界，极为精细；杖身中空，通体衬以缠枝蔓草，上面錾刻圆觉十二僧，手持法铃立于莲花台之上；锡杖下端缀饰蔓草、云气和团花；杖首用银丝盘曲成双桃形两轮，轮顶有仰莲流云束腰座，上托智慧珠一枚；杖头为双轮四股十二环，四股以银条盘曲而成，每股套装雕花金环三枚，股侧刻有铭文："文思院准咸通十四年三月二十三日敕令造迎真身银金花十二环锡杖一枚，并金共重六十两，内金重二两，五十八两银，打造匠臣安淑郧、判官赐紫金鱼袋臣王全护、副使小供奉官臣虔诣、使左监门卫将军臣弘悫。"锡杖级别的高低取决于杖首轮和股的数量，这件四股

银金花双轮十二环锡杖·唐
法门寺博物馆藏。1987 年陕西扶风法门寺真身宝塔地宫出土。

十二环鎏金锡杖是迄今为止发现的等级最高的佛教法器，也是法门寺博物馆的镇馆之宝。

还有一尊"鎏金银捧真身菩萨"也是唐懿宗为迎奉佛指舍利专门打造的。佛指舍利被安放在这尊菩萨双手捧持的银匾上。菩萨高38.5厘米，重1926克。采用锤击和浇铸成型，纹饰以平錾、镂空、鎏金、涂彩等多种工艺。菩萨头戴花蔓冠，冠中有坐佛，边缘饰珍珠一周；上身袒露，斜披帛巾，通体装饰珍珠璎珞；臂上饰钏，双手捧上置发愿文金匾的鎏金银荷形盘；着羊肠裙，左屈右跪于莲花台上。盘中金匾呈长方形，长

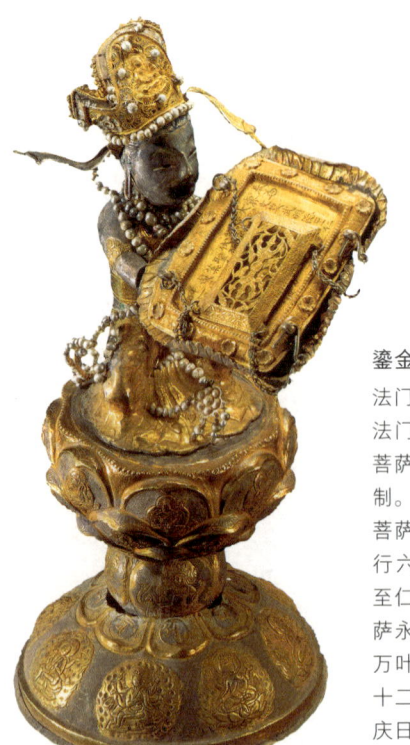

鎏金银捧真身菩萨·唐

法门寺博物馆藏。1987年陕西扶风法门寺真身宝塔地宫出土。捧真身菩萨是唐懿宗专为供奉佛指舍利而制。菩萨所捧金匾明确记载了制作菩萨的时间和原因。匾上錾文十一行六十五字："奉为睿文英武明德至仁大圣广孝皇帝，敬造捧真身菩萨永为供养。伏愿圣寿万春，圣枝万叶，八荒来服，四海无波。咸通十二年辛卯岁十一月十四日皇帝延庆日记。"

鎏金三钴杵纹银臂钏·唐

法门寺博物馆藏。1987年陕西扶风法门寺真身宝塔地宫出土。臂钏铸造成型，纹饰鎏金。钏身鼓隆，内壁平直，截面近似半圆。钏身饰三钴金刚杵六枚，底衬蔓草、鱼子纹。

11.2厘米，宽8.4厘米，有匾栏，匾上錾文，栏上贴饰十六朵宝相花，衬以蔓草，内饰联珠纹一周。

  这些金银器的发现向人们集中展示了唐朝金银器制作的高超工艺。除优美的造型外，其精美的纹饰和散发的光泽令人赏心悦目、心旷神怡，更令人由衷地感叹于古人精湛的制作工艺。

  唐代不仅继承了前代"金银为食器可得不死"的神秘观念，而且进一步加强了对金银器的管制和垄断，如"一品以下，食器不得用浑金玉；六品以下，不得用浑银"，通过等级观念强化不同阶层的利益，达到巩固统治的目的。

  据这些金银器上錾刻的铭文可知，这批金银器多出自文思院。再结合唐代的相关史料，可以断定文思院为皇家金银器制作中心，与宋代文思院一脉相承，为研究中国古代金银器的发展提供了重要证据。

地宫茶具和唐代茶道

唐代是中国茶文化发展的一个重要时期，出现了中国第一部茶的专著《茶经》。陆羽在前代人"吃茶"的基础上，进一步考证茶的起源及性状、茶叶的掌故及药效、采制茶工具、茶叶种类和采制方法，总结了煮茶和饮茶的器皿、烹茶法和水质品位、饮茶风俗和品茶法、茶叶产地和优劣，使饮茶上升到"道"的层次。

唐代饮茶风尚盛行，带动了茶具的发展和繁荣。《茶经》按功用将茶具分为藏茶器、碾茶器、煮茶器、饮茶器等，共二十八种之多。但是，煮茶的过程仅限于文献中。法门寺地宫出土的一套金银茶具，包括"笼子一枚重十六两半，龟一枚重廿两，盐台一副重十一两，结条笼子一枚重八两三分，茶槽子、碾子、茶罗、匙子一副七事共重八十两"，展现了装茶、碾茶、筛茶、分茶、点茶的煮茶过程。

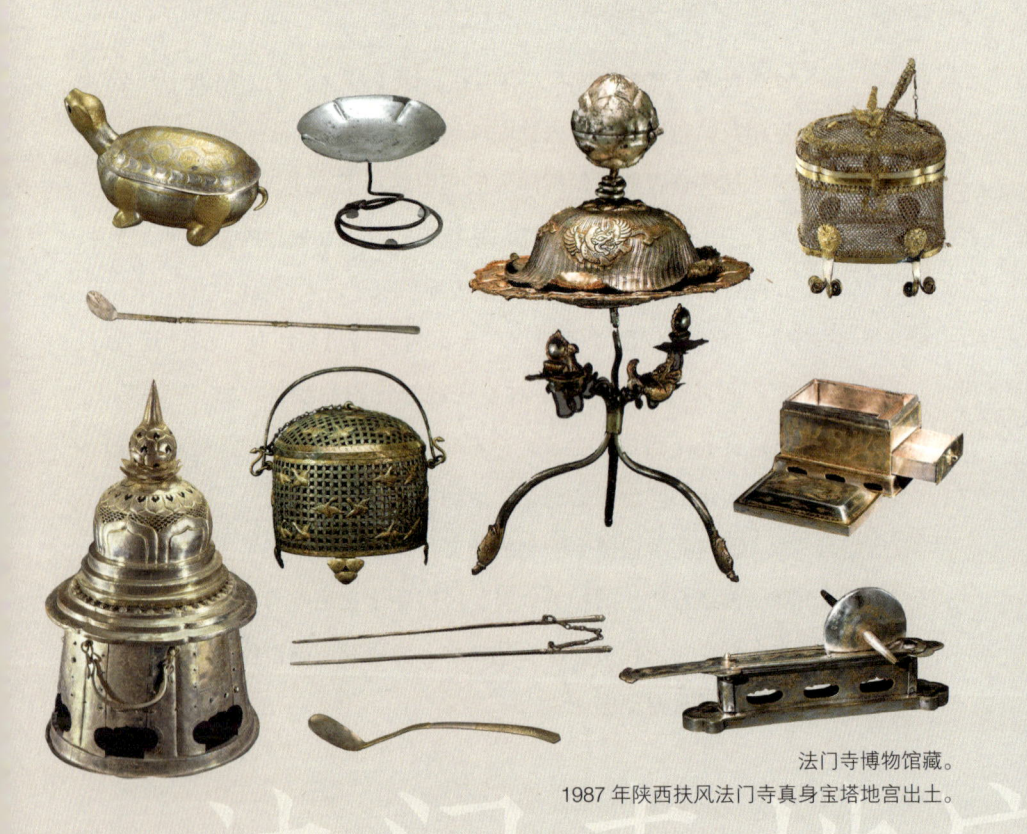

法门寺博物馆藏。
1987年陕西扶风法门寺真身宝塔地宫出土。

1 鎏金银龟盒·唐

高13厘米，长28.3厘米，宽15厘米。盒为龟状，昂首，曲尾，以甲背作盖，内焊接椭圆形口架，尾与龟腹焊接，各部分纹饰与龟体相近。龟盒是贮放茶粉的器具。

2 盘丝座葵口素面小银盐台·唐

高6.2厘米。盐台口为五曲葵形，浅腹，平底。腹部錾刻五条凸棱，盐台座以银丝盘曲三圈，与台底焊接。通体光素无纹饰。

3 摩羯纹蕾钮三足架银盐台·唐

高27.9厘米。唐代烹茶需要加食盐和椒粉进行调味，地宫出土的这架盐台就是摆放盐或者椒粉的器具。

4 金银丝结条笼子·唐

高15厘米。根据相关资料记载，研究人员认为结丝笼子是盛放茶饼的器物。笼子用金银丝编制而成，金丝团花装饰，工艺精巧，令人叹为观止。

5 鎏金蔓草纹长柄银匙·唐

根据银匙上"五哥"錾文，可知为唐僖宗御用之物。银匙是在烹茶时拍击汤面的工具。

6 壶门圈足座银炉·唐

高56厘米。此炉在《物帐碑》中登记为"银白成香炉一枚并承铁共一百两"。而其用途，除了被认作香炉之外，还有一说就是烹茶的风炉。根据专家的研究，此炉最有可能的用途是焙茶的暗火低温炉。

7 鎏金飞鸿毬路纹银笼子·唐

高17.8厘米。此笼与金银丝结条笼子功能相同，而工艺不同。此笼模冲成型，通体镂空，纹饰平錾鎏金。由笼盖、笼体和提梁组成。盖面装饰5只飞鸿，笼体装饰24只飞鸿，镂孔均作毬路纹。笼底有"桂管臣李杆进"六字錾文。

8 鎏金仙人驾鹤纹壶门座银茶罗子·唐

高9.5厘米，长13.4厘米，宽8.4厘米。茶罗子即茶粉末筛子，茶饼碾成末之后，罗过才能烹茶。茶罗子设计精巧，匠心独运。由罗箱、罗盖、罗座、罗框和茶屉五部分组成。箱盖錾刻飞天人物，箱体两侧錾刻驾鹤仙人，衬以云纹和莲瓣纹，纹饰鎏金。罗箱底座有10个镂空壶门。罗箱底部錾刻"咸通十年文思院造银金花茶罗子一副共重卅七两。匠臣邵元、审作官臣李师存、判官高品臣吴弘悫、使臣能顺"。此茶罗子上有"五哥"二字划文和墨书，可知是唐僖宗御用之物。

9 系链银火箸·唐

长27.6厘米。火箸即为烹茶炉夹炭的工具，与人们常用的筷子类似。

10 鎏金飞鸿纹银则·唐

长19.2厘米，匙面匙柄均錾花鎏金，上段为流云飞鸿，下段为联珠菱形图案，并间以十字花纹饰。银则为烹茶时投放茶末之工具。

11 鎏金鸿雁流云纹银茶碾子及银碢轴·唐

茶碾子高7.1厘米，长27.4厘米，宽5.6厘米。银碢轴长21.6厘米。茶碾子和碢轴组合使用，是将茶饼碾磨成茶粉的工具。在陆羽的《茶经》中有专门的关于茶碾子的记载。这两件茶具均有"五哥"划文，应是唐僖宗御用之具。

揭开秘色瓷的神秘面纱

　　法门寺地宫共出土了16件瓷器。其中白瓷2件,青瓷12件,黄釉银棱金银平脱瓷器2件。两件白瓷为翻唇斜腹玉璧底碗和小口葫芦瓶,胎质洁白细腻,釉色白净明亮,其产地应为定窑前身唐代曲阳窑。12件青瓷为碗、盘、碟、瓶,从其特征看应是同一窑口的产物。

　　出土时,11件青瓷圆器和2件黄釉瓷器放在一起。这13件器物分别用纸包裹,套叠后用丝绸包袱整体包裹,一同装在内外两层的漆木盒内,放置在地宫室内。根据《物帐碑》的记载:"瓷秘色碗七口内二口银棱,瓷秘色盘子、叠子共六枚。"碑文中的记载和地宫出土的13件盘、碗、碟圆器数量正好相符,表明这13件瓷器正是大名鼎鼎的秘色瓷。除了这13件瓷器之外,地

1	2
	3

1 八棱净水秘色瓷瓶·唐
法门寺博物馆藏。1987年陕西扶风法门寺真身宝塔地宫出土。高21.5厘米。

2 葵口圈足秘色瓷碗·唐
法门寺博物馆藏。1987年陕西扶风法门寺真身宝塔地宫出土。高9.2厘米,口径21.8厘米。

3 鎏金银棱平脱雀鸟团花纹秘色瓷碗·唐
法门寺博物馆藏。1987年陕西扶风法门寺真身宝塔地宫出土。高8.2厘米,口径23.7厘米。

宫中还出土了一件八棱净水秘色瓷瓶。此瓶虽不在漆木盒内，碑文也没有记载，但是其胎釉特征和以上13件秘色瓷大体类似，应归为秘色瓷之列。

在此之前，国内外学者对何为秘色瓷莫衷一是，一直没有定论。与之前的其他文献资料和考古发现不同，法门寺《物帐碑》记录的秘色瓷的数量与种类与地宫内实物完全一致，实现了文献资料与实物的相互印证，为学界关于秘色瓷的争论画上了完美的句号。虽然人们对"秘色"一词有不同解读，其为越窑瓷器中的精品却是举世公认的。

法门寺地宫出土的这批秘色瓷器多为素面，于青绿中散发出莹润的光泽完美地诠释了佛教所倡导的简朴与境界。同时，碗、盘、碟等新颖的造型更显别致，特别是八棱净水瓶，线条流畅优美，庄重典雅。不仅体现了唐代开放与包容的时代特色，也为中国陶瓷艺术增添了新的元素。当人们再次吟诵"九秋风露越窑开，夺得千峰翠色来""巧剜明月染春水，轻旋薄冰盛绿云"这样的诗句时，脑海中便会浮现出越窑如冰似玉的美，仿佛嗅到那一缕遥远的茶香。

从丝绸之路上走来的玻璃器

法门寺地宫出土了20件玻璃器，除一套茶盏、茶托外，还有10余件玻璃盘子，与《物帐碑》中的记录"瑠璃钵子一枚，瑠璃茶椀子一副，瑠璃叠子十一枚"相吻合。唐人记录的"瑠璃"就是现代意义上的玻璃。这并非孤证，日本奈良正仓院保存有八世纪中叶的玻璃棋子，在《东大寺献物帐》中也称为"瑠璃"。

在这20件玻璃器中，除一套茶盏具有典型中式造型，几件素面盘难以确定产地外，其余皆具有伊斯兰装饰风格。这些伊斯兰玻璃器在唐代价值高于金银器，且多为精品，应为外国使臣或者胡商所进奉。根据《物帐碑》记载，这些玻璃器是唐僖宗供奉藏入地宫的。

从考古角度来说，伊斯兰早期玻璃器十分罕见，因此法门寺地宫出土的这些具有确切埋藏年代的玻璃器，为研究伊斯兰早期玻璃器提供了可靠资料，史料价值极高。从这些玻璃器上不难看出，阿拉伯纹样在9世纪已经广泛使用。伊斯兰玻璃制作工艺在罗马和萨珊玻璃成型和装饰工艺的基础上发展而来，不仅工艺上已经十分娴熟，而且具有了自己的独特风格。

装饰工艺包括热加工和冷加工两种方式。热加工中，最简单的是模吹印花装饰——先用吹管挑起料泡，在刻好花纹的模具中吹出器形，此时的玻璃器已在模具中被印上图案；再将器底沾在铁棒上，从吹管上剪下器皿修整边沿，成型与装饰同步进行。地宫出土的菱形双环纹深直筒玻璃杯就用这种工艺制作而成，该杯为直口，腹壁略鼓，杯底微凹。杯壁印有菱形、双环和联珠纹。

然而，模吹印花装饰工艺却不够精致、精美，更常用的热加工工艺是伊斯兰玻璃匠人率先采用的熔着装饰。这种装饰方法共有三种形式：①贴丝，把玻璃棒拉成丝状，缠绕在玻璃器上进行装饰；②贴花，既有用模子压制成型的圆形贴花，也有用工具拨拉出的三角形、五角形等星状贴花；③堆砌，把玻璃棒拉成条状

八瓣团花纹蓝琉璃盘·唐

法门寺博物馆藏。1987年陕西扶风法门寺真身宝塔地宫出土。高3.2厘米，口径20厘米。

堆砌出所需造型，多为把手、口沿、圈足等的装饰，再装饰于玻璃器表面。地宫出土的盘口瓶，就是集这三种装饰手法于一身的典型器物，瓶口采用了贴丝工艺，瓶身装饰采用了贴花工艺，圈足则采用了堆砌工艺。

冷加工主要采用车刻、刻纹和釉彩装饰三种方式：①车刻法，主要有用于造型处理的"切割"，以及用小砣子琢刻花纹的"刻花"，后来又发展出了透雕技法的"镂花"和用大砣子琢磨凹纹的"磨花"。②刻纹法，用钻石等比玻璃坚硬的材料，在成形的玻璃器表面浅刻单线条纹样，以密集的平行细斜线为地纹，组成繁丽的图案，有些还在线条上填金，使之更加光彩夺目。③釉彩法，先把易熔的玻璃配以适量的矿物颜料，研磨成细颗粒，再加上松节油、松香、动物胶等黏合剂和填充料，混合后涂绘、加热而成。

在法门寺地宫出土的玻璃器中，最多的是采用刻纹法装饰的玻璃器，如八瓣团花描金蓝琉璃盘，盘心的八瓣花叶团花纹采用刻花工艺，并且用双线填金。同时出土的十字团花蓝色玻璃盘、四花纹蓝色玻璃盘和刻花填金枫叶纹蓝色玻璃盘，都采用了相似的手法。这些玻璃器线条自然生动，纹饰精美细腻，是早期伊斯兰刻纹玻璃的典型。

1 淡黄玻璃茶碗及茶托·唐
法门寺博物馆藏。1987年陕西扶风法门寺真身宝塔地宫出土。杯高4.9厘米，口径12.5厘米。托高3.6厘米，径13.7厘米。

2 菱形双环纹深直筒玻璃杯·唐
法门寺博物馆藏。1987年陕西扶风法门寺真身宝塔地宫出土。高8.5厘米，口径7.8厘米。

3 盘口细颈黄琉璃瓶·唐
法门寺博物馆藏。1987年陕西扶风法门寺真身宝塔地宫出土。高21.3厘米。

难得的是，在法门寺地宫出土的玻璃器中，有一件采用釉彩工艺制作。此盘采用釉彩装饰，盘底绘黑色罂粟纹。虽然伊斯兰釉彩玻璃的传世品较多，但是9世纪的产品却非常少见。因此，法门寺地宫出土的罂粟纹黄色琉璃盘就显得弥足珍贵。

法门寺地宫出土的这批玻璃器，不仅是目前发现的纪年明确、器形完整、数量众多、时代最早的玻璃器，更是世界现存的古代伊斯兰玻璃器的瑰宝；不仅填补了唐长安城缺少伊斯兰文化遗物的空白，更为鉴定早期伊斯兰玻璃器提供了重要标尺。这批玻璃器的发现，见证了唐代丝绸之路的繁荣，是东西方文化交流的最好证据。

金钱铺地与佛指舍利瘗埋

在法门寺地宫发现之初，考古工作者就在斜坡踏道、平

彩绘四铺阿育王塔·唐

法门寺博物馆藏。1987年陕西扶风法门寺真身宝塔地宫出土。高78.5厘米。汉白玉质，由塔刹、塔盖、塔身、塔基四部分组成。塔身四面通体彩绘，每面中心各雕一门，门两侧各雕一尊菩萨像。塔正面门右柱有墨书题记一行"真身道场知香火兼表启比丘常达"等字，可能是晚唐时期修复并供养这座塔的僧人。

台、隧道、中室、秘龛处发现了大量的各式钱币，这种遍布钱币的现象称为"金钱铺地"或"金钱布地"。

经过仔细勘察，学者们还在前室东北角的开元盝顶石函内发现153枚开元通宝铜钱，在后室中的素面银香炉内发现了13枚玳瑁制成的"开元通宝"。有趣的是，玳瑁为什么要制作成"开元通宝"呢？是否在懿宗的心中，玳瑁钱币更加贵重呢？

"金钱铺地"只是唐代佛指舍利瘗埋制度中的一种供养方式。学者们研究发现，这种佛指舍利的瘗埋方式经历过一段"中西结合"的发展过程。那13枚玳瑁制成的"开元通宝"不仅包含了"佛家七宝"的元素，而且寄托了懿宗对开元盛世的向往和国祚长久的祈盼。

地宫空间方面：北魏时期瘗埋佛骨不筑地宫，只把放置舍利的石函直接埋入塔基夯土中。到了隋代，开始构筑砖石基室，把放置舍利的石函放入其中，这与中国古代的墓室有相似之处。到唐代，墓室的空间变大，等级变高，出现了砖石结构的"地宫"。法门寺塔地宫系皇室所建，等级最高，分前、中、后三室，在后室还有一小龛。

盛放舍利的容器方面：北魏时用玻璃瓶、

钵等容器，再置于石函之中。隋代一般采用瓶、罐等容器盛放舍利，再放入专门盛放舍利的涂金盘顶铜盒，最外层容器是石函，石函上除刻护法天王、力士形象外，还有佛弟子"舍利弗""迦叶""阿难""目犍连"等，均呈现佛祖涅槃时的悲戚哀哭状。到了唐代，舍利容器达到五重，最内是盛放舍利的琉璃瓶，其外依次为金棺、银椁、鎏金铜函和盝顶石函，开元年间还出现了由六块青石构件组成的"释迦如来舍利宝帐"。法门寺塔地宫中不仅出土了五层宝函和石雕宝帐，还有一套存放影骨的八重宝函，质料上乘，制工精美。其中，模仿人间葬具的金银和玉制的小型棺椁更体现了中国本地丧葬制度的特征。

"佛家七宝"及供养物：在北魏和隋代，供养物只放于石函之中，如同将陪葬品放在棺椁之内。随着佛教的中国化和佛教地位的不断提高，到了唐代，不仅出现了地宫，而且地宫中的供养品越来越多。在法门寺塔地宫中，供养物包括金银器、铜铁器、瓷器、琉璃器、珠宝玉器、漆木器、石质器、杂器以及大量的纺织品和货币，在"佛家七宝"外，还有很多贵重之物，如"迎真身银金花双轮十二环锡杖"，比《西游记》中观世音菩萨送给玄奘法师的"九环锡杖"还尊贵。可见，唐代佛指舍利的供养品已经大大地丰富了。

八重宝函·唐

法门寺博物馆藏。1987年陕西扶风法门寺真身宝塔地宫出土。八重宝函是地宫中最具有代表性的舍利宝函，由唐懿宗供奉，放置在地宫后室北壁正中位置，里面安放着第一枚佛指舍利——玉质影骨，是地宫中重要的供奉物。八重宝函层层相套，配有锁和钥匙，宝函上有丰富的佛像纹饰。这套八重宝函是目前世界上发现的最精美、层数最多的宝函，是法门寺地宫文物中等级最高的舍利容器，是我国首批禁止出国（境）展览的文物之一。

宝珠顶单檐四门纯金塔为八重宝函第一重。高7.1厘米，月台长宽各4.8厘米、垫板长宽各5.4厘米。

金筐宝钿珍珠装珷玞石宝函为八重宝函第二重。高10.2厘米，长宽各8厘米。

金筐宝钿珍珠装纯金宝函为八重宝函第三重。高13.1厘米，长宽各11.3厘米。

六臂观音纯金宝函为八重宝函的第四重。高、长、宽均为13.5厘米。

鎏金如来说法盝顶银宝函为八重宝函第五重。通高16.2厘米，底边长14.8厘米。

素面盝顶银宝函为八重宝函的第六重。通高19.3厘米、长18.4厘米、宽18.4厘米。

鎏金四天王盝顶银宝函为八重宝函之第七重。通高23.5厘米，边长20.2厘米。

八重宝函

法门寺地宫出土服饰和建筑

法门寺地宫中的供养品数量巨大、品目众多，这里只能作挂一漏万的介绍。读者朋友们可以沿着如下的线索继续学习：

服饰：法门寺地宫中发现了700多件丝织品，包括丝、帛、罗、绫、绮、锦、缬、绣等，几乎囊括了唐代所有的丝绸品类和丝织工艺，堪称唐代丝绸的宝库。还有一件"武后绣裙"，是迄今为止发现的武则天的唯一遗物。这件由黄金拉成丝线的裙子，在历经千年后，虽然不再完整，但仍然金光闪闪。

佛教：除佛骨瘗埋制度外，佛教中的神祇系统、派别等都有了一定的发展和变化。有学者研究发现，法门寺塔地宫按照供养曼荼罗形式布置，为佛教密宗的"无上法界"。这样的布置可能与善无畏、金刚智等印度僧人将密宗传入大唐有关。

唐代建筑：中国唐代的建筑已经达到了很高的水平，但目前遗存的唐代建筑数量极少。法门寺塔地宫出土的鎏金铜浮屠，由宝刹、浮屠、月台、基座组成；浮屠设方形基座，基座上有三层月台，底层月台呈方形，四周边沿有栏杆，栏杆上下段有宝珠、如意云头、葫芦状的装饰物；中间层月台呈四级叠涩，四周亦设栏杆，栏杆四周中部竖立"望柱"两根，柱顶有蹲狮；最上层月台亦为方形，月台侧面各有四个桃形壶门；塔身柱头斗拱、补间人字拱、攀间枋、阑额、蜀柱俱全；攒尖顶，上有须弥座，座上有宝刹，宝刹下端有六枚相轮，相轮上置华盖，盖上有十字相交的火焰背光，其上有双轮新月与日轮,最上为牟尼宝珠。鎏金铜浮屠为研究唐代单层木制佛塔的结构和建筑构件提供了一个参考案例。

  这些地宫中的供奉品无一不精,无一不凝聚着丰富的历史信息和文化信息,向今天的我们再现了那个伟大的时代——唐。自唐僖宗封闭了法门寺塔地宫后,地宫中的宝物历经战乱和政治斗争而幸存下来,不能不说是一种幸运。无论如何,精美的供奉品从唐代贵胄们的私藏地宫走进大众的视野,成为整个社会的共有财富,本身就是一种文明的进步。这串串起大唐与今天的文明珠链还将串起未来。

鎏金铜浮屠·唐
法门寺博物馆藏。1987年陕西扶风法门寺真身宝塔地宫出土。通高53.5厘米,座宽28.5厘米,刹高23.5厘米。铸造成型,通体鎏金。由宝刹、浮屠、月台、基座组成。

陈国公主和驸马合葬墓

● 契丹文化的传世奇迹

1985年7月,内蒙古自治区哲里木盟(今通辽市)奈曼旗青龙山镇修建大苹果基地水库时,发现了一处辽代的墓地,当地文化部门及时对墓地进行了调查和保护。1986年6月至8月间,内蒙古文物考古研究所对已经暴露的墓葬进行了清理发掘,其中的3号墓就是被世人誉为"契丹文化奇迹"的辽陈国公主和驸马萧绍矩的合葬墓。这座墓葬是国内发现的未经盗扰的辽代皇族墓之一,其中共出土各类随葬品3227件,这为研究契丹文化提供了重要的实物资料。

18 岁公主和驸马的合葬墓

根据墓葬中出土的《陈国公主墓志铭》可知，墓葬的主人是辽代陈国公主和驸马萧绍矩。陈国公主在《辽史》中并无记载，根据墓志记载，陈国公主死于辽圣宗开泰七年（1018），时年十八岁。陈国公主是辽景宗耶律贤的孙女，秦晋国王、辽圣宗皇太弟耶律隆庆的女儿。耶律隆庆在圣宗时期既是皇亲重臣，又屡建奇功，深得辽圣宗的器重，不但生前屡次加封，死后更是追封为皇太弟。因此耶律隆庆的子女深受辽圣宗的恩宠，陈国公主本人先封太平公主，再封越国公主，最后封为陈国公主，她病重期间，辽圣宗"亲临顾问，愈切抚怜"，给予了高度的关心。

陈国公主墓志盖·辽
内蒙古博物院藏。1986年内蒙古自治区哲里木盟（今通辽市）奈曼旗青龙山镇陈国公主墓出土。墓志盖边长50厘米，厚16厘米。绿色砂岩质，方形盝顶。顶边有单线框，内有双栏框，双栏框内印刻篆书"故陈国公主墓志铭"3行8字。

陈国公主的驸马萧绍矩虽然正史无传，但是根据志文记载，他是皇后之兄，曾经担任泰宁军节度使、检校太师。结合史书材料，可知萧绍矩是辽圣宗仁德皇后萧菩萨哥的兄长，正儿八经的皇亲国戚。而从辈分上来说，驸马萧绍矩还是陈国公主的舅舅。在辽代，耶律氏和萧氏两大家族的联姻几乎贯穿了整个辽国上层，把外甥女嫁给舅舅正是当时联姻制度的产物。

根据考古发掘可知，该墓为砖砌多室墓，全长16米，由前室、东耳室、西耳室、后室组成，墓门外有天井和墓道，墓道为阶梯式，天井呈长方形，前接墓道，后通墓门。墓门外有雕砖施彩仿木构门楼。前室呈长方形，券顶。东、西耳室位于前室左右两侧，形制相同，平面圆形，穹隆顶。后室即主室，平面圆形，正面紧靠护壁有用条砖砌的尸床，尸床前砌出长方形供台。尸床和供台的东、南、西三面有用砖砌成并雕刻的壸门16个。整个墓室保存完好，构筑坚固，内部装饰讲究。后室圆形穹庐顶，形同契丹人的毡帐，而墓门屋檐筑造又仿汉族建筑形式，反映出契丹和汉族之间文化交流十分密切。

墓中除建筑彩画外，在墓道、墓门、前室墙壁和券顶等处绘有壁画。墓道两壁绘有对称的侍从牵马图，墓门门框上嵌装的半圆形木板上绘花卉。前室壁画绘于东、西两壁及券顶。东壁东耳室门至后室之间绘男侍女仆各一人，均面向后室。西壁西耳室门至后室之间绘两名侍卫，均面向后室。壁画人物上方均绘彩色祥云。耳室门外侧上方各绘一只仙鹤，向后室展翅飞翔，周围亦绘

1 陈国公主墓墓道西壁牵马图壁画·辽

马的躯体用泼墨挥洒渲染，与全副马具白色形成对比，辉映成趣。在马的胸前外侧，有侍从1人，中年模样，契丹装束。

2 八曲连弧形金盒·辽

内蒙古文物考古研究院藏。1986年内蒙古自治区哲里木盟（今通辽市）奈曼旗青龙山镇陈国公主墓出土。盒径5.5厘米，高1.7厘米。金盒出土于墓主人腰间右侧，金盒亦称为佩囊、盒囊，一般放置随身携带的印章、鱼符等物件。锤揲成型，盒盖、盒边通体錾刻花纹，为辽代金器的代表作。

彩色祥云。券顶涂深蓝色表示天空，其上满绘大小不等的白色圆点以示星辰。东壁之上的券顶一侧绘一轮橙红色太阳，内用墨笔绘三足乌，与太阳相对的西壁券顶绘白色月亮，内用墨线绘玉兔和桂树。墓中壁画绘画颜色除黑色外，还有石黄、石绿、石青、赭石、朱砂等色。由于所用颜料均为矿物颜料，即便历经千载，壁画仍鲜艳夺目。

随葬物品分置于各室，后室随葬金银殡葬服饰、木俑、玻璃器皿、金花银盒、银长盘、镀银铜镜、木鸡冠壶、木弓鞬、铜盆等物，东耳室随葬银盏托、玛瑙杯、绿釉长颈瓶、绿釉盖罐、茶绿釉牛腿瓶、青瓷碗、青瓷盘、白瓷碗、白瓷盖罐等物，西耳室随葬两套银质马具。部分金银器为随葬专用明器。

陈国公主夫妇身后的奢华

根据发掘结果可知，陈国公主和驸马都是按照契丹传统的葬俗入葬的，在墓葬后室内只有砖砌的尸床而没有棺具，尸床上只铺有柏木铺板，铺板上铺褐紫色织金褥垫。根据散落在尸床周围的银构件和丝织品残片等判断，尸床上在下葬时还悬挂有帷幔。

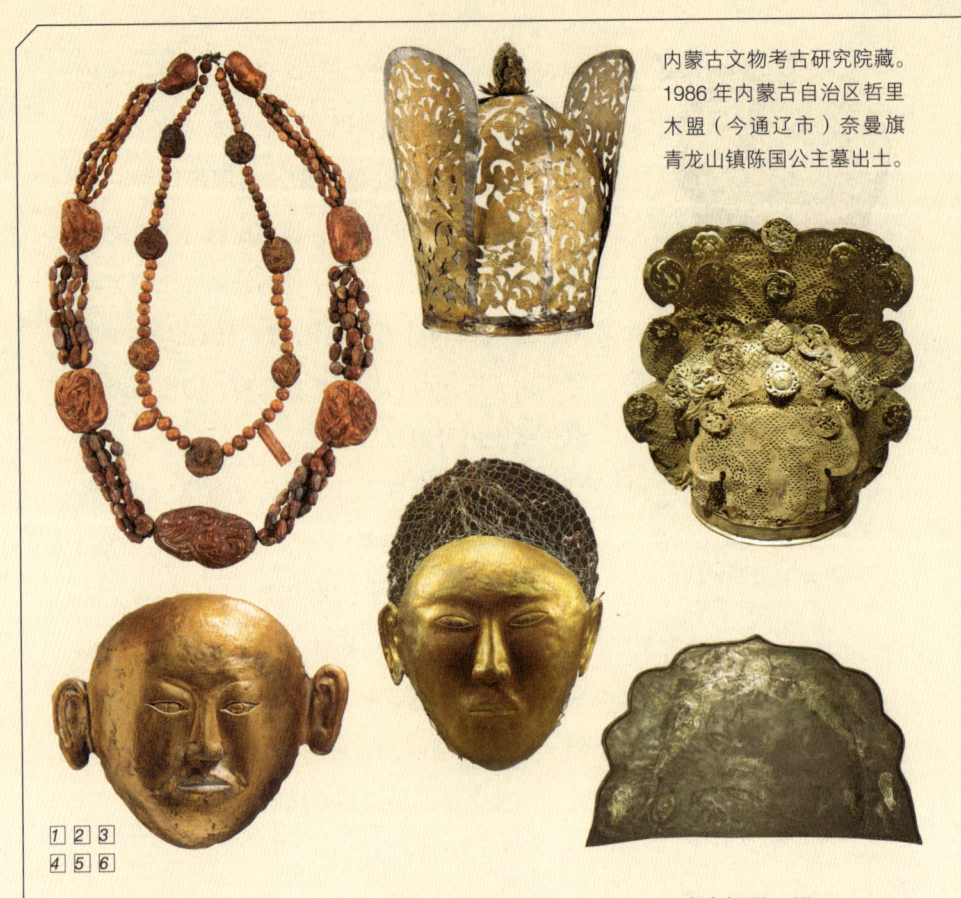

内蒙古文物考古研究院藏。1986年内蒙古自治区哲里木盟（今通辽市）奈曼旗青龙山镇陈国公主墓出土。

1 琥珀璎珞·辽
该璎珞是迄今考古所见最大最复杂的琥珀饰件。内周长113厘米，外周长159厘米。

2 高翅鎏金银冠·辽
高翅冠是契丹贵族妇女专用的一种冠饰。用鎏金薄银片分别锤击，并用细银丝缝缀加固而成。

3 鎏金银冠·辽
高31.5厘米，宽31.4厘米。

4 金面具·辽
长20.5厘米，宽17.2厘米。这是覆盖在陈国公主面部的金面具，呈半浮雕形。脸型丰圆，双眼圆睁，鼻梁狭长，鼻翼略宽，抿唇，双耳宽大。面部呈现出安详、平静、端庄之神态。

5 银丝头络金面具·辽
长21.7厘米，宽18.8厘米。此面具覆盖在驸马面部，呈半浮雕形。面部呈现刚毅之态。出土时，金面具和头部银丝网络缀连为一体。

6 錾花银枕·辽
枕面宽49.6厘米，长36厘米，枕高14厘米。此银枕是驸马萧绍矩所用，用薄银片制成，打制焊接成形。枕面錾花，纹饰鎏金。

陈国公主和驸马的尸身并排放置在尸床上，尸身头东脚西，仰身直肢，躺在褐紫色织金褥垫上。清理时，发现两具尸身上的衣物等已经腐朽，尸身仅残存公主和驸马的头骨和少量牙齿（根据牙齿鉴定，驸马的死亡年龄在28—30岁之间）。尸身上的服饰佩戴等物均保持原有的位置。

在尸床上，公主和驸马均头枕银枕，身着银丝网络，带金面具，着银靴，胸佩琥珀璎珞，束带。公主头戴珍珠琥珀头饰，颈戴琥珀珍珠项链，两腕部各有一双金镯，每个手指各戴金戒指一枚，身佩金荷包、金针筒、铁刀以及各种玉佩和琥珀佩。驸马腰束金銙银鞢䪎带，带上挂银刀、印锥，另有一些琥珀饰件等。根据遗骨和服饰判断，驸马的遗体在内侧，公主的遗体在外侧。驸马遗体略向内斜倾，双脚并拢，公主紧挨驸马，双脚呈八字形外撇，右臂压于驸马的左臂上。这是驸马葬于前、公主祔葬于后的真实写照。

在陈国公主和驸马尸床及周围，出土了大量的珍贵文物，包括金器、银器、玉器、玻璃器、陶瓷器等。在这些文物中，最具代表性的有鎏金银冠、金面具、银丝网络和银靴。

辽陈国公主与驸马合葬墓出土鎏金银冠2件，其中陈国公主头上方放置的为高翅鎏金银冠，冠箍口径19.5厘米，冠体高26厘米，立翅高30厘米、宽17.5厘米，重807克。冠顶圆形，两侧各有一立翅向上竖起，用镂雕鎏金的薄银片制成，冠正面及立翅上均镂雕相对的凤鸟，周围衬以云纹，立翅边缘和冠箍外侧周边錾刻卷草纹，出土时银冠旁有一银质鎏金道教造像，推测应缀于冠顶。驸马萧绍矩头上方放置一件鎏金银冠，冠箍口径19.5

厘米，冠高31.5厘米，宽31.4厘米，重587克，用银丝连缀16片镂雕鎏金薄银片制成，银片边缘多呈云朵形，唯后面上片为山形，因而又被称为"卷云金冠"。前面下片正中錾刻一道教人物像，并錾刻云朵、凤凰。前面上片錾刻双凤。两侧下部两组银片上亦錾刻凤凰。后面两片均刻双凤、云朵。冠前缀21件镂雕凤凰、花卉等纹饰的圆形鎏金银牌、1件宝珠形鎏金银牌饰、2件立雕鎏金银凤凰。

辽陈国公主与驸马合葬墓中出土金面具2件，均覆盖于死者面部，用薄金片制成，其中陈国公主所用的一件前额较宽，脸型略圆，驸马萧绍矩所用的一件脸型较长，颧部微突，双耳另制，用3个银铆钉与面具连为一体，面具边缘一周有26个孔，用银丝与尸体头部的银丝网络相联结。辽代契丹贵族流行以金属面具随葬，可能是吸收了契丹族原有葬俗，一般与银丝或铜丝网络并用。此类金属面具依据死者的面容，采用薄金片、薄银片或薄铜片锤揲而成，大致有金质、银质、铜质、鎏金银质、鎏金铜质等不同材质，面罩的材质与墓主人的身份地位相关。

除了黄金面具，在陈国公主和驸马的身上还着有银丝网络与金面具相配套，银丝网络应是在公主举行婚礼时颁赐的送终之具。驸马的银丝网络大部分残断，只有头部、手足等部位保存较好；公主的银丝网络保存完整，由头网、臂网、手网、胸网、背网、腹网、腿网和足网组成。制作过程是先将网络按照人体各部位的大小编织成形，然后再分别穿戴卷裹缝合，组成整体。这种网络葬具仅在辽墓中有所发现，应是契丹人特有的随葬器具。

陈国公主墓葬中出土的银靴保存完好，为在以往的辽代墓葬中所罕见。两双银靴均为短勒靴，用银薄片锤成勒和底、面三部分，靴勒用两块银片相合，下托靴面和靴底，用银丝缀合弥缝。两件银靴的样式相同，只是男大女小。这两件短勒靴，应是以契丹贵族室内燕居所着靴为原型。

契丹人服饰和生活习俗的再现

辽陈国公主与驸马合葬墓共出土6条腰带，保存基本完好，使我们首次见到完整的辽代腰带，印证了有关辽代契丹服和汉服腰带的文献记载。这些腰带的制式又不相同，可以分为蹀躞带和无蹀躞带两类，分别属于契丹服和汉服的腰带。蹀躞带之蹀躞是指在带鞓上的系佩物品，凡有系佩物品的腰带称为蹀躞带，此类腰带来源于古代北方民族的传统服饰。

辽陈国公主与驸马合葬墓出土蹀躞带包括金銙银鞓蹀躞带、金銙丝带、银铜銙银蹀躞带、玉銙丝蹀躞带。其中最具代表性的是金銙银鞓蹀躞带、金銙丝带。

金銙银鞓蹀躞带束于驸马萧绍矩腰部，长156厘米，宽3厘米。带身用银皮代替革鞓制成，为单带扣单铊尾带。中部缀方形金带銙十一件，前端缀方形金带扣并附有金带箍，后端缀桃形金带銙五件和圭形金铊尾一件。方形銙下部有"古眼"，内穿仿小革带的窄银片，上缀小金銙和铊尾，以备悬佩物件。悬佩的物件包括带鎏金鞘的琥珀柄银刀、带鎏金银鞘的玉柄银锥、琥珀小瓶、琥珀双鱼形佩、琥珀鸳鸯等。

金銙丝带束于陈国公主腰部，带身丝质，已腐朽，仅存残

龙纹金带銙·辽

内蒙古文物考古研究院藏。1986年内蒙古自治区哲里木盟（今通辽市）奈曼旗青龙山镇陈国公主墓出土。8件金带銙模压成型，形制基本相同，花纹细部錾刻。正面纹样4件为升龙，4件为降龙。带銙整体呈圭形，正面錾刻龙纹，四周錾刻海水江崖和云纹。

迹，带上原有圭形龙纹金带銙八件，銙上无"古眼"，带上悬佩的物件包括镂雕金荷包、八曲花式金盒、錾花金针筒、琥珀双鱼形盒、工具形玉佩、动物形玉佩等。

由于辽宋之间的频繁交往，宋朝服饰也传入辽，因此辽代汉服的腰带基本与宋制相同。辽陈国公主与驸马合葬墓出土的无䨿蹀带主要为玉銙银带，置于公主与驸马尸体间头部上方的尸床上，带身用银片代替革鞓制成，由长短两段组成，全长163.7厘米、宽4.4厘米，属于加长型的单带扣单铊尾带。长的一段带身中部缀长方形和方形玉带銙十四件，其后缀桃形玉带銙一件，带身两端分别有圭形玉铊尾和长方形金带扣。短的一段一端有长方形金带扣，带身穿六个小圆孔，末端截成圆弧形。这种汉式腰带，与《辽史·仪卫志》中"辽国自太宗入晋之后，皇帝与南班汉官用汉服"的记载一致，反映了当时各民族在生活习俗方面的相互影响和融合。

除了能够反映契丹生活风俗的腰带之外，墓中还出土了两套完整的马具,虽然不是实用器物,但形制大小与实用马具相同。马具每套九副,包括银马络、铁马衔镳、银马缰、银胸带、鎏金铁马镫和鎏金铜马镫、包银木马鞍、彩绘银障泥、银踝蹀带、银鞦带等。马络上的银带,经检测含银量为96.12%。两套马具上所钉缀的带具、带饰,有银带扣12件,银带箍12件,鎏金铜带扣8件,铜带箍8件,鎏金铜节约8件,玉质节约8件,白玉雕刻的饰件281件。通过对比,专家发现壁画上马的马具形制与出土实物完全一致,并且壁画清楚地表示出马具的装置部位,使我们对这些马具的装备方法和用途有了明确的认识和了解。

此外还发现了随葬的木弓、木弓囊、银刀、铁刀、刺鹅银锥(玉柄银锥)和驾鹰用的玉臂鞲等畋猎工具和器物等,反映了契丹人特有的社会风俗习惯。契丹人早期以游牧为主,是活跃在马背上的民族。辽圣宗之后,契丹社会虽然基本完成了封建化的进程,结束了"转徙随时,车马为家"的游猎生活,但

木弓囊·辽

内蒙古文物考古研究院藏。1986年内蒙古自治区哲里木盟(今通辽市)奈曼旗青龙山镇陈国公主墓出土。长74.5厘米。侧柏制。整体呈不规则扁圆形,上宽下窄。弓囊外侧修平,打磨光滑。弓囊外表两边通体呈红褐色,一面彩绘卷云纹,另一面上端彩绘一个圆形,下部彩绘凤鸟一只,凤鸟前后衬以云纹。

带鞘玉柄银锥·辽

内蒙古文物考古研究院藏。1986年内蒙古自治区哲里木盟（今通辽市）奈曼旗青龙山镇陈国公主墓出土。银锥是契丹王族四时出行佩带的野外行猎工具，也是春季捺钵时专用的刺鹅锥。

是仍保留了本民族传统游猎生活习俗，不废鞍马骑射，保持尚武之风。这些马具和游猎用具代表了契丹特有的传统文化因素，为研究辽代契丹人的社会生活提供了实物资料。

随葬器物中所展现的宋辽交往

辽圣宗在位时期，是辽代的全盛时期，也是辽宋结束长期的军事对抗，建立和平友好的"兄弟之国"关系的时期。陈国公主墓是辽圣宗时期的墓葬，因此该墓出土的器物无疑是辽宋关系以及汉与契丹交流往来的最好见证，中原文化的印记可以说在陈国公主墓的器物中比比皆是。

墓内出土的80枚木围棋子和两件玉砚，也是汉族和契丹文化交往的历史见证。围棋发祥于中原地区，是汉族士大夫们喜爱的游戏。在辽代遗址和墓葬中围棋也时有发现，说明契丹贵族阶层早已深受汉族文化的影响。作为皇亲国戚，陈国公主夫妇也是围棋的爱好者，因此才把围棋作为陪葬品。而两件玉砚的出土，则充分说明陈国公主夫妇精通文墨。契丹虽有自己

1
2

1 玉砚·辽
内蒙古文物考古研究院藏。1986年内蒙古自治区哲里木盟（今通辽市）奈曼旗青龙山镇陈国公主墓出土。长12厘米，宽7.1厘米。玉砚为岫岩玉质。青绿色，间有灰白色杂斑，玉料较粗糙。砚面斜坡形，墨池较浅，平底，平端底部有两个方形矮足。

2 金花银奁·辽
内蒙古文物考古研究院藏。1986年内蒙古自治区哲里木盟（今通辽市）奈曼旗青龙山镇陈国公主墓出土。高21厘米。盛放化妆品的奁盒，盖顶中心饰游龙戏珠纹，盖侧与盒身侧壁各饰飞凤与折枝牡丹，沿口上下各饰一周海棠纹。

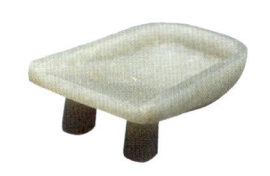

的文字，但是在辽圣宗时期，汉文在辽国上层十分流行，许多贵族妇女精通汉文且富于文采，如陈国公主的庶母秦晋国妃、道宗懿德皇后等均善书能诗。玉砚的出土，也从侧面反映了当时契丹贵族妇女的文化修养。

陈国公主墓中出土的器物中，在装饰纹样上，大量采取了龙凤图案。在服饰和佩饰上，以凤纹为多，龙纹则出现在金花银奁、金手镯、琥珀璎珞等浮雕饰件和琥珀握手上。龙凤是帝后的象征，这在中原王朝中是主流思想，而在辽宋的南北交流中，龙凤作为皇室的代表纹样也被契丹人接受并且广泛采用。澶渊之盟后，辽宋之间进入了一个长期和平的状态，不仅在政治上交往频繁，在经济和文化上更是如此。如陈国公主墓中出土的银唾壶、银盏托、银壶、银盘、金花银奁、金花银器和白银器等，可能就是通过聘使贸易直接或间接从宋朝输入辽境的。

最能体现南北交往频繁的证据，就是陈国公主墓中发现的陶瓷器。辽陈国公主墓出土陶瓷器大致可分为瓷器、釉陶器两类。瓷器主要为青瓷和白瓷，青瓷的器形有碗、盘两类。青瓷碗包括花口青瓷碗5件和青瓷小碗3件，青瓷盘包括花口双蝶纹青瓷盘3件和花口菊纹青瓷盘1件。花口双蝶纹青瓷盘敞口，弧腹，作六曲花瓣形，圈足略外撇，盘内底细线划双蝶图案。花口菊纹青瓷盘口微敛，弧腹，作六曲花瓣形，圈足略外撇，器内口沿下饰卷云纹一周，盘底划三朵缠枝菊纹，线条纤细流畅。白瓷胎体细白，釉色白或白中泛青，器形有碗、盒、盖罐等类。白瓷碗9件，敞口，深腹，作十二曲花瓣形，圈足。白瓷盒2件，扁圆形，子母口，弧腹，矮圈足。白瓷盖罐1件，直口，鼓腹，矮圈足，肩部饰双重覆莲瓣纹，腹部饰三重仰莲瓣纹，圈足内刻"官"字款，盖顶略凸，宝珠式钮，盖面刻划双重莲瓣纹。

上述陶瓷器中，瓷器高档精美，为南北方名窑输入辽地的产品，其中青瓷主要产自浙江越窑、陕西耀州窑，白瓷主要产自河北定窑，而釉陶器主要为辽本地窑场的产品。毫无疑问的是，除了釉陶器是辽代自己烧制的之外，其他如越窑青瓷、耀州窑青瓷和定窑白瓷均是来自宋朝境内，是南北贸易繁荣的最好证明。

花口双蝶纹青瓷盘·辽
内蒙古文物考古研究院藏。1986年内蒙古自治区哲里木盟（今通辽市）奈曼旗青龙山镇陈国公主墓出土。高5.1厘米，口径16.4厘米。

随葬器物中展现的东西方交往

契丹崛起于草原,称霸中国北方的时候,除了和南方中原的关系密切之外,和西域也有着密切的贸易往来。辽朝初年,波斯、大食都曾有使臣来到辽国。到了辽圣宗时期,东西方贸易往来更加密切。陈国公主墓出土的各种配饰及马具上的装饰品,所用的原料主要是玉和琥珀。这些原料可能是通过进贡或者通过商业贸易,来自西域诸小国和邻近各部族。据相关鉴定可知,陈国公主墓中的白玉很可能就是来自新疆的和田玉。

根据不同时代史书的记载,中国墓葬中发现的琥珀主要产地是中亚西域各国。陈国公主墓中的琥珀饰品,其原料可能是被当作商品或者贡物,间接或直接由西域诸国输入辽国境内的。在陈国公主墓出土的琥珀饰品中,有一件胡人驯狮浮雕佩饰特别值得注意,在略呈长方形的琥珀面上,左边雕刻着一个西域胡人形象,头缠巾,袒胸露臂,系长带着短裙,牵着一头雄狮,作驯狮姿态。这件写实意味强烈的作品,有可能就是从中亚地区输入的,这足以说明当时辽国和西域诸国交往的密切。

胡人驯狮琥珀佩饰·辽
内蒙古文物考古研究院藏。1986年内蒙古自治区哲里木盟(今通辽市)奈曼旗青龙山镇陈国公主墓出土。长8.4厘米,宽6厘米。

在陈国公主墓出土的器物中，最能体现东西交往繁荣的器物当属玻璃器。陈国公主墓共出土了7件精美的玻璃器，这些玻璃器均来自中亚地区。乳钉纹高颈玻璃瓶的装饰手法与科威特国家博物馆藏品中的一件相似，器化学成分中氧化钠的含量高达20.66%，据此推断其产地可能是埃及或者叙利亚。刻花高颈玻璃瓶和高颈玻璃瓶，从造型和纹饰上来说，均为典型的伊斯兰玻璃器。同时出土的带把玻璃杯，也能从国外博物馆找到与之类似的器物，其产地很可能是今天的伊朗。墓中所出的乳钉纹玻璃盘，与收藏在意大利圣马可博物馆的一件高浮雕刻花玻璃盘相似，可能是拜占庭生产的玻璃器。上述玻璃制品虽然产地不一，但其明确的出土年代，为世界各地同类型玻璃器的分期断代提供了极为重要的鉴定标尺，更是研究辽国和西域诸国乃至东西方经济文化交往的重要资料。

1 2 3

1 乳钉纹高颈玻璃瓶·辽
内蒙古文物考古研究院藏。1986年内蒙古自治区哲里木盟（今通辽市）奈曼旗青龙山镇陈国公主墓出土。高6.8厘米，口径25.5厘米。

2 乳钉纹玻璃盘·辽
内蒙古文物考古研究院藏。1986年内蒙古自治区哲里木盟（今通辽市）奈曼旗青龙山镇陈国公主墓出土。高17厘米。

3 刻花高颈玻璃瓶·辽
内蒙古文物考古研究院藏。1986年内蒙古自治区哲里木盟（今通辽市）奈曼旗青龙山镇陈国公主墓出土。高24.5厘米。

唯一发掘的皇帝陵寝

1368年，朱元璋建立明朝，定都南京，死后葬于南京钟山，是为孝陵。34年后，成祖朱棣发动靖难之役，攻入南京，将侄子建文帝赶下皇帝宝座，将都城迁到北京，死后葬于京郊昌平天寿山，是为长陵。从朱棣开始直至明朝灭亡，除下落不明的建文帝朱允炆、因故葬于西山的景泰帝朱祁钰之外，其余十三个皇帝均葬于长陵所在的天寿山区域，这就是举世闻名的明十三陵。1956年，考古工作者对十三陵中的定陵进行了发掘。作为中国考古史上唯一主动发掘的皇帝陵墓，定陵出土了令世人惊叹的精美文物，宛若将历史的指针回拨了300多年，让今天的人们得以在这座地下宫殿中比较完整地窥见明代帝后的生活场景。

明定陵

明十三陵之长陵

定陵的发掘

  1402年，永乐皇帝攻破南京，结束了靖难之役，坐上了皇帝宝座。不过，他并不喜欢继续使用南京作为都城。或许是因为他以燕王的身份长期坐镇而更加熟悉北京，或许是因为南京是他的侄子建文帝的旧都，又或许他在攻入南京后的大肆杀戮引起了南方士人的反感，最终，他决意迁都北京。迁都的一个重要动向是仁孝徐皇后的下葬地点。徐皇后是开国功臣徐达之女，在靖难之役中坐镇后方，深受永乐皇帝敬重。1407年，徐皇后去世，并未下葬，而是暂停灵柩于南京皇宫，准备迁葬北京。为此，永乐皇帝命人勘察北京附近，最终在昌平北面一个叫作黄土山的地方发现了所谓"万年寿域"，据称风水极佳。永乐皇帝十分高兴，下令将此地改名为天寿山，为自己营建了长陵，徐皇后和他自己先后葬入其中。从他开始，明代一共十三个皇帝死后葬于天寿山区域，是为明十三陵。

  清朝入关后，为了报复明朝毁坏房山金陵的恶劣行径，对

1 明十三陵图·清

2 明十三陵之定陵
明定陵坐西朝东,地面建筑布局呈前方后圆。面积18万平方米。

天寿山区域的明十三陵进行了大肆破坏,尤以定陵毁坏最为严重。乾隆皇帝时,出于缓和民族情绪的目的,清朝对明十三陵进行了修复,但终究只是小修小补,包括定陵在内的明十三陵再也不复旧观。

1955年,经中央批准,以赵其昌为队长、白万玉为副队长的长陵发掘委员会成立,最初的目标是永乐皇帝的长陵。但经过对各陵的实地勘察和对比,发掘委员会认为,定陵营建较晚,且毁坏严重,更易发掘,所以,目标顺理成章地转移到了定陵。

从1956年5月开始,至1958年7月完成清理工作,全部发掘历时2年零2个月,其间经历了无数惊奇、惊讶和惊喜,特别是两块"石头"起到了重要的作用。

一块石头叫作指路石。在1956年9月,考古人员沿着东南砖隧道向前挖掘时忽然发现了一块小石碑，上面写着这样一句话："此石至金刚墙前皮十六丈深三丈五尺。"这句话似乎指示挖掘的方向和距离，但却引起了诸多猜疑。万历皇帝不可能会留下这块石碑告诉别人怎么挖掘自己的墓葬吧！难道故意设置了陷阱机关？经过认真分析，最终专家们认为，这可能是因为定陵建好以后闲置时间长达三十年，修陵的工匠们为了避免皇帝哪一天突然去世要下葬却找不到路而留下的指路标记。也就是说，这块"指路石"的描述应该是正确的。果然，后来的发掘过程证实了这一点，"指路石"到金刚墙的距离确实是明代的"十六丈"，这便加快了发掘的进程。

另一块石头叫"自来石"。金刚墙就是地宫的外墙。越过金刚墙，走过隧道，迎面就是地宫的大门，脊兽、檐瓦、两扇大门都是由汉白玉制成，洁白晶莹，静静地挡在地下宫殿的入口。从门缝里望过去，石门有门轴、门墩，应该是可以推开的，但门背后却被一根石条顶住了，在不破坏石门的情况下，几乎无法推开，考古人员一时之间无计可施。这根顶门的石条就是"自来石"，它底部的一端立在地上凹进去的石槽内，顶部向右倾斜靠着石门。

1 定陵指路石·明

定陵博物馆藏。1956—1958 年北京昌平明十三陵定陵出土。高 50 厘米，宽 30 厘米。

2 定陵玄宫大门

3 定陵金刚墙圭字门

金刚墙横在石隧道的末端，墙基以四层条石砌成。

当石门由内向外关闭时，"自来石"便随之倾斜下来；石门完全关闭后，"自来石"恰好顶在了石门内侧设计好的凸起部分，使得石门无法使用蛮力从外推开。发现了"自来石"的工作原理后，考古工作者用铁丝穿过门缝套住它，再用薄板从门缝推动，使得自来石逐渐离开石门，却因铁丝套住而不会倾斜倒下。将"自来石"推出一段距离，石门便可以轻而易举地推开了，地下宫殿的面貌随之完全展现在了考古人员的眼前。

帝后的奢华生活场景

两年多的考古发掘，让考古人员摸清了定陵陵区、定陵地宫的基本面貌，也从地宫中发现了大量精美、罕见的文物。这一切无疑在向世人展示，万历皇帝与孝端、孝靖两位皇后有着何等奢华的生活场景！

定陵陵区相当于帝后统治的都城，有着三重结构。定陵地面区域以陵门为界分内外两重。陵门之外主要是神马房、

定陵监、祠祭署、宰牲亭等机构，这些都是外围人员保护陵区、提供祭祀服务的场所，相当于外城，这是第一重结构。过了陵门，沿着中轴线一直往里，要经过祾恩门、祾恩殿、棂星门、明楼，最终到达宝城，这些设施象征着皇帝处理政务的皇城，是第二重结构。宝城之下就是万历皇帝与两位皇后安葬的地宫，共有前殿、中殿、后殿以及中殿两侧的左右配殿，相当于帝后日常生活所在的宫城，是第三重结构。

在第三重结构中，每一座殿门都由整块的汉白玉雕成石门，森森宫禁中显出富丽堂皇。前殿地面铺满金砖（澄浆砖），由朝廷命人专门在江南烧造而成，是地下宫殿的最外层区域。中殿正中摆放着三个宝座，雕有龙纹的属于万历皇帝，两侧雕有凤纹的属于孝端、孝靖两位皇后。每个宝座前均布置有包括香炉、两个烛台、两个花瓶在内的五供以及所谓的"长明灯"，像是地下宫殿的正堂。至于后殿，却是地下宫殿的核心，放置着由楠木做成的三座朱漆棺材，象征着帝后三人的寝宫。

定陵主要的文物即是出自后殿，尤其是帝后的三座棺内，共有各类文物2648件（不计钱币和纽扣）。从用途来说，这些

1 2 3 | 4

1 定陵重门
为陵寝第二道门,也是陵宫区围墙的正门,现为定陵博物馆正门。

2 定陵祾恩殿遗址

3 定陵宝座
定陵博物馆藏。高163厘米,长205厘米,宽109厘米。汉白玉雕成。宝座呈椅形,后有靠背,两侧安扶手,下设长方形脚踏。

4 金瓶·明万历
明十三陵博物馆藏。1956—1958年北京昌平明十三陵定陵出土。高26.5厘米,口径9.1厘米,底径13.9厘米。

文物包括日常穿戴的衣物、玉带、首饰,生活中需用的各类饮食、礼仪、政治、军事性质的物品,还有象征服侍人员的四箱木俑(含一箱马俑、三箱人俑)等,几乎囊括了帝后生活的方方面面,绝大多数都是使用昂贵稀少的材料制作而成,如丝织品、金银、玉石、瓷器、琉璃等,无不技艺精湛,巧夺天工。

所有服饰中自然以万历皇帝的衮服等级最高、最为昂贵。衮服是天子举行祭祀天地等重大典礼时所穿的服饰,从周代开始,一直沿用至明代,形制没有太大变化。这种服饰一般会有日、月、星辰、山、龙、火、华虫、粉米、藻、宗彝、黼、黻共十二种具有特殊寓意的纹饰,称为十二章纹。万历皇帝的衮服一共有五套,两套缂丝,三套刺绣。每套衮服上均有小字,标明织造时间,它告诉我们,一件衮服从织造到最终收入内库,一共耗时十三年。今天,苏州刺绣研究所为了复原其中的一件缂丝衮服,竟花费了3600多个工,由此想见,古人耗费十三年并无夸大之嫌。衮服之外,还有龙袍68件,以及为数更多的各色内外衣、裤、袜等,每一件都精工巧做,绝无丝毫偷工减料。如果再算上两位皇后的服饰,几乎相当于在万历皇帝服饰的基础上再加两倍,没有明朝

的举国之力，哪能完成如此奢华的制作！

万历皇帝的棺内还出土了一顶绝无仅有的金丝翼善冠。定陵是一帝两后合葬墓，黄金自然不可缺少，出土黄金制品多达25类，共289件。据检测，含金量最高的甚至达到95%。这些金器中有三顶万历皇帝专用的翼善冠，其中一顶出自万历棺内头部北侧的圆形木盒，纯由金丝编织而成，称为金丝翼善冠。金丝翼善冠通高24厘米，冠口直径20.5厘米，重826克，结构复杂、工艺繁复，堪称帝冠之最。全器以粗金丝连缀前屋、后山（有前后两片）、角三个部分。前屋以细金丝编织，其上有二龙戏珠图，凌空立于后山之前。龙首、龙爪、龙鳞为打制錾刻而成，龙身为细金丝编织，采用掐丝、累丝、码丝的方法焊接。两龙昂首相对，中间是一枚火焰珠。珠子为打制，火焰为填丝，气势无双。后山同样以细金丝编织，其后附有双

| 1 | 2 |
| | 3 |

1 明神宗缂丝十二章衮服（复制品）

这件缂丝十二章衮服身长135厘米，两袖通长234厘米，是定陵出土的明朝神宗皇帝朱翊钧五件衮服之一。

2 金丝翼善冠·明万历

明十三陵博物馆藏。1956—1958年北京昌平明十三陵定陵出土。由前屋、后山和两角组成，以518根直径为0.2毫米的细金丝手工编结而成。

3 金托玉爵·明万历

明十三陵博物馆藏。1956—1958年北京昌平明十三陵定陵出土。

翅角，角的下端插入长方形管内。整件器物结构合理，异常匀称，无丝毫粗糙之处，甚至外表看不出任何接头痕迹，是明代金银细工的顶尖作品。

另一件堪称国宝的是金托玉爵。这件器物可以分为三个部分：托盘、承柱和玉爵。托盘像是一个黄金制成的浅盘，沿边内卷，边缘刻有勾连云纹。盘中央环绕中心的承柱是海水江崖中的二龙戏珠纹饰（主纹饰），由外向内捶打出浮雕效果。承柱形似树墩，下半部雕刻有层峦叠嶂的山峰，上部与玉爵相连。在盘沿、盘底和承柱上分别镶嵌有12、8、6块红蓝宝石，一共26块。玉爵是这件器物的核心，温润细腻，微有小沁。玉爵左侧是流，是饮酒的部位；右侧是尾部。在流和尾的外侧均有龙纹，而且龙的两只前爪均托着一个字，流的外侧是"万"，尾的外侧是"寿"。大约在中部，有两根蘑菇形的柱，高出玉爵的口沿，柱的顶部刻有涡纹。紧贴着两柱之下的外壁各攀附着一条龙，均是两爪扣着口沿，后爪紧扣爵的外壁，尾巴上卷。龙的腹部与爵的外壁之间有空隙，恰好可以容纳一指，便于持爵。玉爵的下部是三足，承柱的中间也设计了三个古钱形的孔，三足恰好可以插入其中，将玉爵固定在

孝端皇后凤冠·明万历

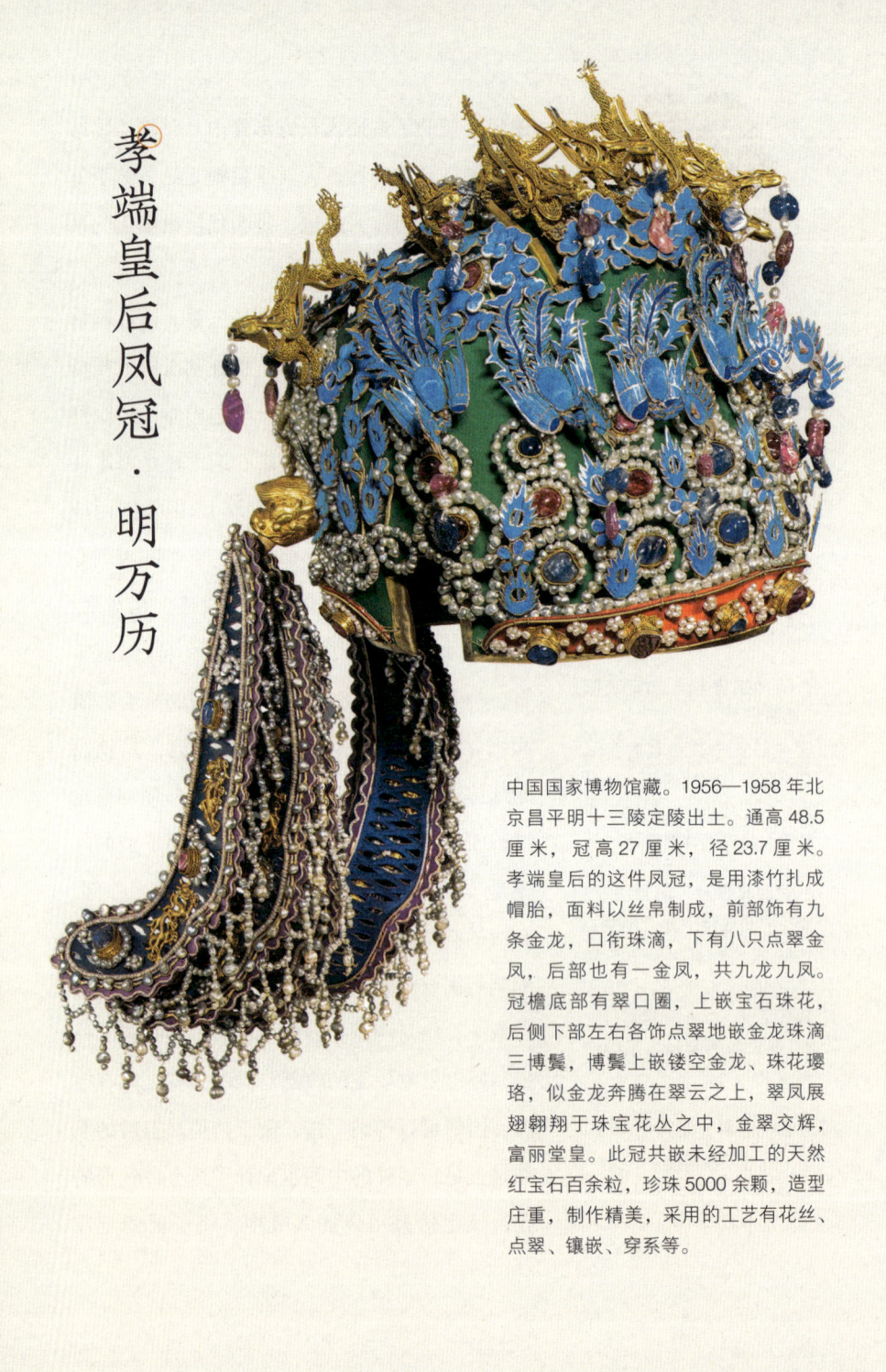

中国国家博物馆藏。1956—1958 年北京昌平明十三陵定陵出土。通高 48.5 厘米，冠高 27 厘米，径 23.7 厘米。孝端皇后的这件凤冠，是用漆竹扎成帽胎，面料以丝帛制成，前部饰有九条金龙，口衔珠滴，下有八只点翠金凤，后部也有一金凤，共九龙九凤。冠檐底部有翠口圈，上嵌宝石珠花，后侧下部左右各饰点翠地嵌金龙珠滴三博鬓，博鬓上嵌镂空金龙、珠花璎珞，似金龙奔腾在翠云之上，翠凤展翅翱翔于珠宝花丛之中，金翠交辉，富丽堂皇。此冠共嵌未经加工的天然红宝石百余粒，珍珠 5000 余颗，造型庄重，制作精美，采用的工艺有花丝、点翠、镶嵌、穿系等。

承柱上。而承柱的底部又有三个铆钉，与托盘固定在一起。总的来说，此器使用了金、玉、宝石三种珍贵材料，糅合了制玉、锤揲、镶嵌三种工艺，体现了"寿山福海""万寿无疆"的内涵，当是万历皇帝生前的心爱之物。

缂丝十二章纹衮服、金丝翼善冠和金托玉爵仅是万历皇帝与两位皇后生活用品的缩影，陵墓中绝大部分文物都是围绕着帝后三人制成，无一不是奢华、昂贵之作。这些珍贵的文物摆在眼前，宛如明代宫廷奢华生活场景的再现。

朝堂与陵墓：万历皇帝的"艰难"抉择

如此规模的定陵，如此奢华的陪葬，自然让万历皇帝颇费了一番心思，也大大消耗了大明皇朝的国力。作为定陵的主人，神宗万历皇帝确实经历了一番"艰难"的抉择。

万历皇帝对朝堂的态度十分消极。1572年，仅10岁的朱翊钧继位为帝，年号万历。直至1620年去世，万历在位总共48年，是明朝在位时间最长的皇帝。但在位时间长并不等于为政勤勉。这48年中，除去因年幼不能亲政的前10年，剩下38年，万历不上朝的时间几近30年，在明朝乃至中国古代历史上也算是独一无二了。他之所以对朝堂如此消极，或许是因为他对张居正的教育起了反感。张居正以内阁首辅的身份执政10年，除了推行改革以维系大明皇朝的统治，同时也以大学士的身份亲自教导万历读书，所讲内容无非是儒家的"四书五经"。但张居正要求十分严格，年幼的万历虽是皇帝，却处处受限，丝毫不敢松懈。史书记载，万历有一次将自己穿的御袍展示出来，问张居正是什么颜色，张居正回答是青色，万历说，这件御袍本是紫色，穿的时间长了，紫色尽褪，这才变成青色。可能万历以为这么一来，张居正会命人给他做新的御袍。没想到，张居正话锋一转，竟说，当初你爷爷世宗嘉靖皇帝穿衣服只讲耐用而不讲华美，每件衣服都穿到破了才换，你应该向你爷爷学习。你省一件衣服，就会有数十个百姓有衣服穿；你多用一件，就会有数十个百姓没衣服穿。最终，万历竟不得不继续穿这件褪了色的御袍。然而，要求万历节俭的张居正在父亲去世的奔丧期间却大肆铺张，从京师到湖北往返一路接受各地官员的高规格接待，分明言行不一。张居正去世后，万历听说张居正家财万贯，大为心动，竟命人抄了他的老家，得黄金万两、白银十余万两。再加上朝中党争不断，朝臣们试图逼迫万历立他不喜欢的长子为太子，却对符合万历心意的福王视而不见，凡此种种，终于使得万历心灰意冷，干脆放弃上朝，连朝臣也不接见，以至于朝中不少官员竟不知皇帝长什么样。

不过，万历也有特别上心的事情，那就是自己的陵墓。早在1580年，万历就起了心思。那时他刚刚进入人生的第十八

个年头，张居正依然在执掌朝政。前往天寿山陵区祭拜先祖之时，不知什么原因，万历竟忽然有了为自己修陵的想法。1582年，张居正去世，万历亲政，捆缚在身上的枷锁一朝尽去，万历却郑重其事地借助新任内阁首辅张四维提出了修陵之事。朝臣们闻风而动，1583年二月，礼部会同建设、祭祀、天文等部门以及一些风水术士到天寿山区域选址，这次选得三处，经定国公徐文璧、内阁首辅张四维等人实地勘察皆可。为谨慎起见，这一年闰二月，万历不顾沙尘蔽日，第二次御驾亲临天寿山勘选，竟将三处全部否定。礼部只好再次推荐风水人才重新挑选，从六处"宝地"再次选出三处。不料朝中突生变故，张四维因父亲病逝辞职，新任首辅申时行只取三处中的两处，惹得朝议纷纷。九月，万历处置了一批人，第三次亲临天寿山，

| 1 | 3 |
| 2 | |

1 明代帝后半身像册之孝端显皇后像·明

台北故宫博物院藏。纵65厘米，横51.4厘米。孝端显皇后，王姓，名喜姐，浙江余姚县（今浙江余姚）人，生于京师，父永年伯王伟。王喜姐是明神宗朱翊钧在世时唯一册立的皇后，也是中国历史上在皇后位时间最长的一位皇后，正位中宫共四十二年。

2 龙凤纹金执壶·明万历

中国国家博物馆藏。1956—1958年北京昌平明十三陵定陵出土。高12.5厘米。

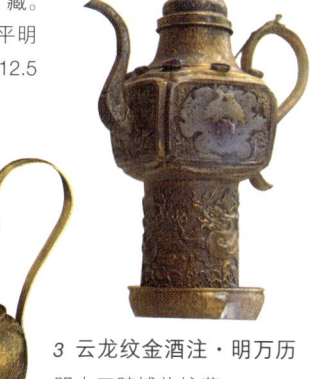

3 云龙纹金酒注·明万历

明十三陵博物馆藏。1956—1958年北京昌平明十三陵定陵出土。

终于选定了小峪山,并将其改为大峪山。陵址选定,但万历仍不放心,不顾朝臣反对,1584年九月,他带着两宫太后第四次亲临大峪山,再一次确认,开始修陵。1585年闰九月,大峪山陵址发现了大石头,有人风传是不祥之兆,万历第五次亲临勘察,之后下令不许再有议论,这才使得定陵顺利修建了下去。

从1584年到1590年,定陵以旁边的永陵(世宗嘉靖皇帝)为参照,总共消耗了相当于两年全国财政收入的800万两白银,总算全部建成,成为明十三陵中仅次于永乐长陵、嘉靖永陵的大型皇陵。而定陵真正投入使用,却是30年后。万历没有选择朝堂,而是选择了陵墓。他生前抛弃了朝堂,生活在后宫的花天酒地之中,为死后的陵墓抛弃了明朝,几乎一手断送了张居正改革的成果。当万历的明朝因为修陵呼吸不畅之时,东北的满族却赫然崛起。或许在万历"艰难"地抉择朝堂和陵墓之时,历史的车轮已经开始驶入下一个阶段了。

描金云龙纹组玉佩·明万历
中国国家博物馆藏。1956—1958年北京昌平明十三陵定陵出土。长50.5厘米。此佩由金钩、236颗玉珠和13件玉佩饰组成,玉佩为描金云龙纹。此玉佩出土时,置于随葬物品箱内。

参考文献

1. 苏秉琦:《关于仰韶文化的若干问题》,《考古学报》1965年第1期。

2. 刘莉、王佳静、陈星灿、梁中合:《北辛文化小口双耳罐的酿酒功能研究》,《东南文化》2020年第5期。

3. 刘莉、王佳静、陈星灿、梁中合:《山东大汶口文化酒器初探》,《华夏考古》2021年第1期。

4. 刘莉,李永强,侯建星:《渑池丁村遗址仰韶文化的曲酒和谷芽酒》,《中原文物》2021年第5期。

5. 王佳静、刘莉、Terry Ball、俞霖洁、李元青、邢福来:《揭示中国5000年前酿造谷芽酒的配方》,《考古与文物》2017年第6期。

6. 浙江省文物考古研究所、北京大学中国考古学研究中心编著:《权力与信仰:良渚遗址群考古特展》,北京:文物出版社,2015年。

7. 中国社会科学院考古研究所编著:《偃师二里头:1959年—1978年考古发掘报告》,北京:中国大百科全书出版社,1999年。

8. 中国社会科学院考古研究所编著:《二里头:1999—2006》,北京:文物出版社,2014年。

9. 许宏、袁靖主编:《二里头考古六十年》,北京:中国社会科学出版社,2019年。

10. 许宏:《最早的中国》,北京:科学出版社,2009年。

11. 孙庆伟:《追迹三代》,上海:上海古籍出版社,2015年。

12. 四川省文物管理委员会、四川省博物馆、广汉县文化馆:《广汉三星堆遗址》,《考古学报》1987年第2期。

13. 四川省文物考古研究所编:《三星堆祭祀坑》,北京:文物出版社,1999年。

14. 江章华、李明斌:《古国寻踪——三星堆文化的兴起及其影响》,成都:巴蜀书社,2002年。

15. 四川省文物考古研究院:《四川广汉市三星堆遗址马屁股城墙发掘简报》,《四川文物》2017年第5期。

16. 三星堆遗址祭祀区考古工作队:《四川广汉市三星堆遗址祭祀区》,《考古》2022年第7期。

17. 谭维四:《曾侯乙墓》,北京:文物出版社,2011年。

18. 陕西省地方志编纂委员会编:《秦始皇帝陵志》,西安:三秦出版社,1997年。

19. 刘士毅主编:《秦始皇陵地宫地球物理探测成果与技术》,北京:地质出版社,2005年。

20. 段清波:《秦始皇帝陵园考古研究》,北京:北京大学出版社,2011年。

21. 卢兆荫:《满城汉墓》,北京:生活·读书·新知三联书店,2005年。

22. 贺杰:《回忆发掘和保卫满城汉墓》,《文史精华》2009年第11期。

23. 徐长青:《全新理念下的海昏侯国考古》,《南方文物》2016年第3期。

24. 杨军等:《南昌市西汉海昏侯墓》,《考古》2016年第7期。

25. 黄今言:《西汉海昏侯墓出土黄金的几个问题》,《史学月刊》2017年第6期。

26. 潘伟斌等:《河南安阳市西高穴曹操高陵》,《考古》2010年第8期。

27. 陈寿:《三国志》,北京:中华书局,2011年。

28. 河南省文物考古研究院编:《曹操高陵》,北京:文物出版社,2016年。

29. 内蒙古文物考古研究所:《辽陈国公主驸马合葬墓发掘简报》,《文物》1987年第11期。

30. 翁牛特旗文化馆等:《内蒙古解放营子辽墓发掘简报》,《考古》1979年第4期。

31. 长陵发掘委员会定陵工作队著:《地下宫殿:定陵》,北京:文物出版社,1958年。

32. 中国社会科学院考古研究所、定陵博物馆、北京市文物工作队编:《定陵》,北京:文物出版社,1990年。

后记

《何以中国：我从考古现场来》这部书的编撰缘起，是 2021 年中国现代考古学诞生 100 周年之时。习近平总书记在《致仰韶文化发现和中国现代考古学诞生 100 周年的贺信》中强调："100 年来，几代考古人筚路蓝缕、不懈努力，取得一系列重大考古发现，展现了中华文明起源、发展脉络、灿烂成就和对世界文明的重大贡献，为更好认识源远流长、博大精深的中华文明发挥了重要作用。"有感于此，我们策划了这部书，最初的书名是《考古视野下的中华文明》，随着时间的推移，书名再次修改为《发现中国》，最终我们将书名确定为《何以中国：我从考古现场来》，更加突出了考古对于研究中国、研究中华文明的重要意义。

本书在编写过程中，受到了天津师范大学历史文化学院文博系专家教授的大力支持。从本书策划之初到编写书稿过程中，本书主编之一、已逝文博系主任杨效雷先生殚精竭虑、呕心沥血，甚至在他仙逝之前一天，依然对文稿的撰写反复探究，其敬业精神令人钦佩。此书的出版，将是对杨先生最好的纪念。

本书的文稿撰写团队，也是十分专业的，参与人员有天津师范大学历史文化学院富宝财老师（仰韶文化）、戴玥老师（三星堆）、石洪波老师（马王堆、满城汉墓、海昏侯墓等）、杨彤老师（法门寺）、隋璐老师（陈国公主墓）、白国红老师、鲁鑫老师，此外还有邯郸学院文史学院的强晨老师（二里头、殷墟、曾侯乙墓）、南开大学哲学系博士研究生汪明杰（良渚文化）。在此对以上诸位老师的辛勤付出表示诚挚的感谢。

编者
2024 年 5 月

文物馆藏信息名录

中国国家博物馆　　　　　中国社科院考古研究所
河南博物院　　　　　　　浙江省博物馆
浙江省文物考古研究所　　上海博物馆
良渚博物院　　　　　　　二里头夏都遗址博物馆
西安半坡博物馆　　　　　山东大学博物馆
仰韶文化博物馆　　　　　台北"中研院"史语所
四川省文物考古研究院　　三星堆博物馆
湖北省博物馆　　　　　　随州市博物馆
秦始皇帝陵博物院　　　　湖南博物院
河北博物院　　　　　　　陕西历史博物馆
南昌汉代海昏侯国遗址博物馆　河南省文物考古研究院
法门寺博物馆　　　　　　内蒙古博物院
内蒙古文物考古研究院　　定陵博物馆